L'INVERSION

KINGSLEY L. DENNIS

L'INVERSION

Comment on nous a piégés dans la perception d'une réalité inversée

BEAUTIFUL TRAITOR BOOKS

Copyright © 2025 par Kingsley L. Dennis

Titre original : *The Inversion: How We Have Been Tricked into Perceiving a False Reality* (Aeon Books, 2023)

Traduit en français par Gérard Szymanski
Relecture : David Szymanski

Tous droits réservés. Aucun extrait de cet ouvrage ne peut être reproduit ni transmis sous quelque forme ni par quelque moyen que ce soit, électronique ou mécanique, y compris la photocopie et l'enregistrement, ni par tout système de stockage ou de récupération d'informations sans l'autorisation écrite de Beautiful Traitor Books.

Edité par Beautiful Traitor Books - http://www.beautifultraitorbooks.com/

ISBN : 978-1-913816-92-6

Première publication: 2025

Copyright 2025 par Beautiful Traitor Books.

Tous droits réservés.

info@beautifultraitorbooks.com

DÉDICACE

A quelques-uns...

SOMMAIRE

Introduction 9
Prologue – Une Histoire à Dormir Debout 15

PREMIERE PARTIE
LE RENVERSEMENT

Chapitre Un – Des Mains Cachées (Paysages Inconnus) 21
   L'image en tant que rituel 26

Chapitre Deux – L'inversion (La Grande Tromperie) 35
   Le rédempteur 38
   L'erreur 41

Chapitre Trois – Mondes Miroirs (Paysages Fragmentés et Haute Etrangeté) 47
   Le dilemme du rêveur 54

Chapitre Quatre – La Folie Normalisée (Le Monde à L'envers) ... 59
   L'esprit irrationnel 64
   Sous le charme des rêves irrationnels 68
   La mise en place de la psychologie de masse 70
   La déprogrammation de l'individu 72

Chapitre Cinq – Spectres Non Identifiés (Les Mécanismes de Contrôle Spirituel comme Traumatisme) 77
   Ingénierie socio-spirituelle 80
   Une réalité traumatisante 88

Chapitre Six – J'habite Dans Ton Corps (La Structure Physique en Tant Qu'hôte) 97
   Le regard galactique 102
   Le corps, un hôte sacré 105

DEUXIÈME PARTIE
L'IMPULSION MACHINIQUE

Chapitre Sept – La Machine Irréelle 1: La Lutte Pour L'authenticité Humaine... 115

    L'appareil machinique 121
    Le pouvoir instrumental 125

Chapitre Huit – La Machine non Réelle 2: Conscience Machinique 131

    Programmation et Meta-programmation dans le Bio-ordinateur Humain...134

Chapitre Neuf – La Machine Irréelle 3: Réalité Etendue............. 151

    Le Métavers comme nouvelle méta-narration 153
    Les dessous du gnosticisme 157
    Enchantement mortel 160

Chapitre Dix – L'évolution Stagnante (L'influence des Forces Entropiques) 169

    Que la lumière soit..177

Chapitre Onze – Les Incarnations (Ou Le Moi Hybride) 185

    La huitième sphère 193

Chapitre Douze – Fusions (Ou Avenirs) 203

    La fusion-absorption..208

Postface 217

Références 221

À Propos de L'auteur 225

Introduction

"La seule défense contre ces choses consiste à les connaître. Si vous les connaissez, vous êtes protégé... Mais n'hésitez pas à en acquérir une vraie connaissance".

Rudolf Steiner (1917)

"Il est horrible de constater que, dans la vie humaine, le bien se réalise à travers le mal, la vérité à travers le mensonge, la beauté à travers la laideur, la liberté à travers la violence".

Nicolas Berdyaev, Le Royaume de l'esprit et le Royaume de César

Dans la vie, rien n'est ce qu'il parait. Comme l'a souligné le philosophe russe Nicolas Berdyaev, les choses, en ce monde, s'établissent souvent par leurs natures contraires. Ces *contraires* sont parfois des erreurs, des reflets ou des manipulations intentionnelles. Disons que l'expérience de la vie humaine a été bouleversée, qu'elle a dû faire face à une existence de moins en moins naturelle au regard de la condition humaine innée. Cette existence se fonde sur ce qu'on appelle une "construction de la réalité". Chaque époque voit dominer une certaine construction du réel, qui devient la nouvelle référence. Ces constructions dominantes évoluent avec le temps, mais conservent néanmoins leur emprise sur la façon dont chaque génération, chaque culture, considère et perçoit son milieu de vie. Dès lors, la vie me semble vécue sur un mode inversé. Dans les pages de ce livre, je parlerai d'*Inversion* pour évoquer ce renversement.

La vie humaine est vécue comme une normalisation de cette construction inversée de la réalité. C'est pourquoi elle déborde d'irrégularités, de bizarreries et de folie pure et simple. Nous savons tous, nous ressentons instinctivement que quelque chose a dérapé. Nulle raison de célébrer l'absurdité qui préside à nos soi-disant "cultes de la célébrité". Ni d'accepter le complexe militaro-industriel-technologique comme force dominante de la gouvernance politique et économique. La guerre profite aux fauteurs de guerre (et à ceux qui la vendent); les gouvernements fantoches permettent aux entreprises de tirer profit de la souffrance. Nous vivons dans une construction où la concurrence est encensée tandis qu'on dédaigne la "faiblesse" que le processus de l'évolution saura élaguer. Nous acceptons que nos jeunes esprits soient programmés par des schémas évidents de conditionnement mental et comportemental et nous acceptons sans broncher notre asservissement par la dette en continuant à payer les banques qui nous emprisonnent. Les choses ont toujours été un peu bizarres sur la planète ; mais désormais, elles le sont tout à fait. Seul le mensonge prévaut et les pseudo-vérités permettent de remporter les élections. Nous croyons n'importe quoi parce que plus rien ne semble s'ancrer dans la vérité. Nous nous perdons dans les reflets de notre monde miroir. Le sourire que nous renvoie notre reflet suffit à notre bonheur. Tout va bien, disons-nous à notre reflet, les gouvernements ne sauraient nous mentir, n'est-ce pas ? Nous sommes sous la protection de structures d'autorité bienveillantes qui nous soignent comme le ferait notre mère. Mais là, stop, on marche sur la tête !

Pour vous confier un petit secret, il y a longtemps que ça dure. Mais jusqu'à une époque récente, le rêve éveillé de l'Inversion maintenait tout le monde en sommeil (à quelques rares exceptions près), car le flux de conscience dans la construction de la réalité était faible. Mais il s'est passé quelque chose, l'avez-vous remarqué ? Le voile s'est fissuré et la conscience s'est infiltrée. Elle est entrée dans nos têtes, même si nous ne l'avons pas remarqué. Peu à peu, les gens sont devenus plus conscients de ce qu'ils appellent la "condition humaine". Chaque génération a vu apparaître quelques êtres d'exception qui ont parlé ou même écrit sur ce sujet ; mais peu de gens les ont écoutés ; moins nombreux encore sont ceux qui ont lu leurs écrits (c'est que la plupart étaient maintenus dans l'analphabétisme). Mais l'infiltration progressive de la conscience dans cette construction de la réalité s'est poursuivie. Les idées n'ont cessé d'affluer. Certaines personnes ont été inspirées, d'autres ont connu des révélations. Mais leur nombre est resté faible. L'Inversion a continué à s'imposer, à installer des œillères sur les rêveurs tout en augmentant la musique. On a proposé toujours plus de distractions ; un éventail scintillant de divertissements a vu le jour. On a accordé des primes à ceux qui commençaient à ouvrir l'œil. La poignée d'individus qui soupçonnaient quelque chose a été repérée très tôt et a rapidement escaladé la hiérarchie de la "pyramide humaine" afin de profiter au maximum des plaisirs et des bénéfices de l'inversion. Ces gens ont alors investi pour que le système reste ce qu'il était : une protection de leurs intérêts personnels. Les masses de rêveurs - la foule endormie, comme on les appelait – a continué à se balancer au rythme de la berceuse. Mais peu à peu, la fréquence de la berceuse a changé. Une nouvelle vibration s'est ajoutée. Je pense que vous avez compris où je veux en venir.

Voilà où nous en sommes : là-même où vous êtes assis en ce moment.

Nous n'avons pas de temps à perdre. C'est en affrontant certaines vérités déplaisantes (potentiellement) que nous pourrons nous doter des ressources nécessaires. Pour que l'humanité continue à se développer, elle doit aujourd'hui faire face à des frictions. Sans ces frottements, nous serions confrontés à une période de stagnation. En fait, il y a des forces au sein de l'Inversion qui poussent à un renversement du développement de l'humanité. Dans ce livre, je qualifie ces aspects de forces entropiques. L'Inversion contient de nombreux exemples de ces renversements.

Il est bien connu, par exemple, que le pentacle inversé est utilisé dans les rituels de magie noire, alors que le pentacle droit (voir *l'Homme de Vitruve* de Léonard) est un signe d'orientation correcte des forces morales à l'œuvre dans l'être humain. De même, le symbole de la Svastika (*bien-être* en Sanskrit), utilisé dans le monde entier dans des contextes spirituels et religieux est généralement considéré comme représentant la puissance et l'énergie du soleil. Cependant, son symbolisme a été inversé par le parti nazi pour s'aligner sur des aspects du Soleil Noir. Des techniques et des stratégies d'inversion sont utilisées en permanence. Autrefois, un mystique ou un "porte-parole de la vérité" était considéré comme hérétique afin d'invalider son message. Version moderne : le lanceur d'alerte devient un traître qu'on jette en prison tandis que les politiciens fantoches passent pour des héros, les esclaves de la pop pour des icônes culturelles et les gourous de la technologie pour des bons samaritains. La liste est longue… La paix devient *anti-guerre*, ainsi cette inversion maintient-elle l'énergie de *guerre*. On inverse la dette pour en faire un crédit, de sorte que tout le monde croit jouir d'une liberté économique. La liste est longue… Encore une fois, je pense que vous avez compris où je veux en venir.

Ça nous amène ici. Ça nous concerne. L'humanité en est venue à s'ancrer dans un matérialisme profond où elle s'apprête à s'enfoncer encore davantage, à moins qu'elle n'évolue vers une plus grande conscience. L'impulsion machinique est une extension de ce mythe du matérialisme, jusque-là largement incontesté. En plaçant la matérialité au premier plan, le récit humain s'est créé une voie qui mène à un avenir machinique. Les systèmes socioculturels qui émergent en vue d'installer cet avenir machinique sont orientés vers la technocratie. La primauté du matérialisme est à l'origine de ces événements. Mais il ne doit pas devenir l'avenir de l'humanité. Si l'on reconnaît la primauté de la conscience, le plan du match change. L'ordre du jour de l'Inversion est de faire en sorte que tout le monde soit captivé par un jeu de la vie inversé, et ce mode inversé repose sur la primauté de la matérialité. Si les gens pouvaient ouvrir leurs perceptions et comprendre davantage la situation dans laquelle ils se trouvent, ils seraient moins sensibles aux manipulations en cours. Quand on comprendra la vraie signification des événements terrestres sur le plan extérieur, quand on comprendra que la politique, l'économie, l'industrie culturelle, etc. sont autant d'ombres projetées sur le mur de la caverne, alors une véritable transformation sera possible. En attendant, l'humanité reste dans le spectacle d'une réalité inversée. Or, cette même construction est en train de se démanteler, de se démanteler rapidement.

La stabilité est une illusion qui provient à la fois de la brièveté de nos vies et de la vaste tapisserie que nous nommons histoire. Le navire de la civilisation semble s'être désintégré en des débris flottant à la dérive auxquels diverses parties rivalisent pour s'accrocher. Les gens aussi sont à la dérive, et peu de bouées de sauvetage sont en vue (si l'on cherche à l'extérieur). Les crises qui éclatent font partie de la composition irrationnelle de la vie inversée (alias l'Inversion). Je pense qu'il est important de savoir où nous sommes et où nous mettons les pieds. C'est pourquoi j'ai décidé d'écrire ce livre.

Ce livre veut offrir aux rares individus avisés un possible fil d'Ariane. Ses pages recèlent des indices, mais pas de réponses définitives. C'est au lecteur de les rechercher. Il y a du pain sur la planche. Mais le premier pas sur le long chemin du retour consiste à reconnaître l'endroit où nous nous trouvons tous en ce moment. Sachez où vous vous trouvez ; dès lors, vous aurez une meilleure idée de la prochaine étape à franchir. Un pas à la fois. Attention aux *voies de garage* !

La caravane poursuit son chemin…

Prologue

Une Histoire à Dormir Debout

> *"Nous faisons les mauvais rêves"*.
>
> Anonyme

La vie humaine est une histoire. Mais pas une histoire unique. Elle est un livre ouvert qui regorge d'histoires riches, étonnantes, puissantes et parfois dangereuses. L'humanité vit littéralement une *Légende des Mille et Une Nuits*, mais au fil des millénaires. Tout comme ce livre de contes magistral, elle a déroulé d'incroyables histoires qui ont rempli l'esprit et le cœur de millions de personnes à travers les âges. A chaque instant de notre vie, nous vivons au cœur d'une histoire. Certaines histoires sont plus grandes que d'autres, plus épiques, plus puissantes et plus déterminantes. D'autres traitent du quotidien, elles remplissent nos poches et organisent nos agendas. Mais au-delà de nos histoires, on trouvera toujours un grand récit : la grande histoire qui raconte et détermine la direction générale dans laquelle évolue l'humanité. Ce grand récit est souvent si convaincant, si riche en détails réalistes, que nous y croyons avec tout notre cœur. Comme l'histoire merveilleuse qu'on raconte à l'enfant avant qu'il s'endorme, ce récit s'intègre dans le rêve de la nuit. Au réveil, le rêve semble si réel qu'il persiste longtemps au fil du jour jusqu'à se reconstituer à l'heure du coucher. Il arrive que le rêve soit si captivant et si convaincant qu'il empêche le rêveur de se réveiller. Le rêveur continue de vivre le rêve qu'on lui a raconté avant de dormir.

L'histoire humaine est comme un rêve dans un rêve, une inversion dans une illusion. De nombreux rêveurs le savent, il existe différents niveaux dans les rêves.[1] A l'instar de la poupée russe Matriochka, plusieurs couches d'histoires imbriquées créent ensemble un corpus narratif global. Bien des gens, en bons rêveurs, restent prisonniers dans l'une de ces couches. Au point parfois de ne pouvoir s'en échapper. Même si nous sommes techniquement éveillés, nous rêvons aussi. Pourquoi ? Parce que nous vivons les histoires et les récits particuliers qu'on a semé dans notre tête, qui y constituent des écheveaux. Ils pénètrent dans notre subconscient et, à partir de cette position privilégiée, ils commencent à influencer notre comportement et notre pensée depuis les coulisses. Même quand nous nous croyons éveillés, nous ne sommes jamais libérés de ces histoires, de ces récits et constructions qui gèrent notre perception et créent le métier à tisser de nos vies rêvées. Pour être vraiment éveillé, l'individu devra savoir comment laisser tomber toutes ces histoires et sortir de la construction, c'est-à-dire se remettre dans le bon sens au milieu de l'Inversion. Certains, peut-être, y sont parvenus, mais on les a toujours taxés d'étrangeté, d'ésotérisme ou de mysticisme. C'est que, pour les rêveurs, quiconque sort du rêve est forcément un excentrique bizarre, n'est-ce pas ? Ou peut-être que l'histoire principale se déroule justement de cette manière.

Le courant dominant n'aime pas beaucoup que les rêveurs - pardon, les gens - essaient de s'échapper. Pourquoi quitteraient-ils une l'histoire si convaincante ? Dans l'ensemble, cependant, le problème se pose rarement, car peu de gens se rendent compte qu'il s'agit d'un rêve à l'intérieur d'un rêve, de sorte que la question ne se pose pratiquement jamais. Revenons donc à notre histoire…

References

---

[1] Pour un bon exemple, voir le film Inception (2010) de Christopher Nolan.

Premiere Partie

le Renversement

*"Nous ne comprenons pas que nous sommes invisibles.
Nous n'avons pas conscience de vivre
dans un monde de gens invisibles.
Nous ne comprenons pas que la vie est avant
tout un drame du visible et de l'invisible"*

                    Maurice Nicoll
                    Living Time

Chapitre Un

Des Mains Cachées
(Paysages Inconnus)

"Exercer sa liberté dans un monde irréel est aussi impossible que sauter quand on est en train de tomber."

Colin Wilson, l'Outsider

La vie, du moins ce que nous croyons être notre vie, n'est pas un terrain de jeu équitable. Il faut parfois des années à une personne pour se rendre compte que, d'une certaine manière, le jeu de la vie est truqué. Nous nous plaisons à croire que nous savons ce qui se passe, même si un soupçon tenace nous murmure que ce n'est pas le cas. La vie est un jeu de participation et d'acteurs. À différents stades, on voit soutenir et promouvoir au-delà de toute alternative une certaine vision ou une perception particulière de la vie et de la réalité. Et ce récit central choisi nous est présenté comme raisonnable, même si, après un examen plus approfondi, il ne l'est pas. S'il nous semble raisonnable au départ, c'est qu'il est modelé ou programmé, pour correspondre à un modèle de réalité très spécifique. Si notre perception de la réalité devait changer, ne serait-ce qu'un peu, nous verrions (nous percevrions) que ces schémas de pensée actuels sont complètement biaisés.

Pourtant, le principal récit narratif consensuel - ou modèle de réalité - auquel nous adhérons maintient cette vision biaisée sous la forme d'une ligne apparemment droite. Ainsi, la plupart du temps, nous sommes incapables de voir, ou nous ne voyons pas, l'erreur fondamentale qui se trouve au cœur du récit principal. Et c'est cela l'inversion.

Bien sûr, de temps à autre, quelques individus ont tenté de souligner ces divergences. On les a souvent ridiculisés, persécutés, ostracisés voire pire (la palette est large…). Il serait juste de dire qu'une bonne part du récit dominant, qui constitue l'histoire humaine, relève de l'inversion. Disons-le, l'histoire à laquelle nous nous accrochons marche sur la tête. Et depuis cette position inversée, il est bien difficile de voir les choses à l'endroit, telles qu'elles sont. Double inconvénient, non seulement le rêveur rêve à différents niveaux, mais il voit le rêve à l'envers. L'acte de rêver lui-même est inversé. Difficile, de ce point de vue, de savoir ce qui est bien ou mal, ce qui est en haut ou ce qui est en bas. S'il est très difficile de percevoir cette inversion du rêve, c'est précisément qu'on nous la présente comme une normalité. Nous ne savons pas ce que nous ne savons pas. Ce que nous savons, en revanche, c'est ce qu'on nous demande de savoir. Telle est la nature du conditionnement des rêves. De plus, la bande passante inversée dans laquelle nous avons tendance à nous situer est un couloir de possibilités étroit. Tout ce qui sort de ce couloir est classé et catalogué comme anormal ou paranormal (c'est-à-dire au-delà de la normale). Ce qui passe pour "normal" est une part très mince de l'histoire programmée. Cette normalité se trouve souvent validée et générée par le récit interne de la personne. Quand la ligne de démarcation s'efface ou se brouille entre la pensée et celui qui l'émet, nous en venons à croire que nous sommes nos pensées. Le premier pas à faire est de reconnaître et d'accepter que notre expérience de la vie fait elle-même partie d'un récit collectif plus vaste, autant qu'elle participe de notre histoire individuelle.

L'histoire collective au sens large - l'histoire de l'humanité – s'est construite à partir de fragments qu'on a rassemblés puis encadrés. Cette mosaïque tente de constituer une image complète et intégrée. Mais pour assembler les fragments, certains filtres interviennent pour organiser ces pièces selon un récit préétabli. L'assemblage qui constitue la grande Histoire est une fiction dans laquelle on injecte suffisamment de faits fragmentaires pour rendre plausibles les perspectives conditionnées des chroniqueurs. Dans ce grand schéma de l'histoire, on trouve les petits groupes d'identités culturelles qui nous rattachent à d'autres niveaux du rêve collectif. L'histoire culturelle est encore un autre récit qui s'insère dans la bande passante déjà étroite de notre histoire de rêve perceptif.

L'humanité semble avoir pour devise : "Si ce que tu fais ne marche pas, fais-en davantage". A ce jour, les schémas de pensée qui ont dominé le temps des rêves de l'humanité n'ont pas été entièrement couronnés de succès. Moins encore ces derniers temps. L'histoire qui nous a conduits là où nous sommes aujourd'hui a besoin d'un nouveau scénario, de quelque chose de différent, d'une nouvelle structure d'intrigue. Elle a peut-être aussi besoin que sa narration passe de la troisième personne à la première afin de rendre l'expérience plus intime. Nous avons besoin de savoir exactement ce qui se passe dans la tête de nos personnages. Pendant plusieurs millénaires, on a raconté l'histoire humaine à la troisième personne. Le(s) dieu(x) écrivain(s) écrivait(ent) l'intrigue à mesure que les personnages se déplaçaient sur le plateau. Les Grecs, en particulier, faisaient siéger leur pléthore de dieux au sommet de l'Olympe, occupés à faire jouer leurs avatars terrestres les uns contre les autres. Ces dieux de l'Olympe écrivaient l'histoire de la vie humaine, et chacun acceptait que son sort et son destin soient préinscrits dans l'histoire. Cette forme narrative s'est déployée au fil des éons de l'histoire de l'humanité en un dispositif d'intrigue qui considère que l'être humain physique est relié à son auteur-dieu "là-bas", au-delà des pages.

La notion de royauté d'essence divine remonte à des milliers d'années. Ce système a fortement évolué au cours de la longue dynastie de l'ancienne civilisation égyptienne. Les croisements de sang entre les auteurs et les personnages ont créé des générations de souverains "divins" qui ont joué leur rôle dans l'histoire. Les dirigeants divins s'entouraient des personnages de l'élite sacerdotale. Ainsi est née l'histoire de la théocratie, selon laquelle on considère qu'un système de gouvernance politique et de pouvoir règne au nom d'un dieu ou des dieux-auteurs. Cette intrigue génère inévitablement une élite dirigeante, une poignée de "justes" dont on fait les détenteurs partiels de la grande histoire sacrée. Cette autorité sacrée, divine, devient une caractéristique permanente de la gouvernance humaine. Ce mode de gouvernance ne se contente pas de gérer les affaires sociales et culturelles, il façonne aussi les constructions mentales et les croyances émotionnelles qui deviennent le récit dominant. Autrement dit, on fait d'une certaine histoire le récit central, qui passe alors généralement pour l'histoire de l'humanité (c'est la même chose qu'un scénario qui devient le fil conducteur d'une structure de jeu). Ce qu'un individu a façonné à partir des fragments de certaines constructions devient "son histoire"; telle est la licence créative de l'écrivain qui transforme un mythe particulier, ou des mythes, en une histoire gravée sur une tablette de pierre. L'inversion semble alors plausible.

Comme l'a souligné le mythologue comparatiste John Lamb Lash, nombre de penseurs gnostiques nous ont mis en garde contre la notion de "royauté de droit divin", ils la considéraient comme une sorte d'anomie, de déviance. Autrement dit, un mode de pensée délirante, une faille dans la psyché humaine. On peut aussi traduire anomia par "anomal", suggérant qu'il s'agit-là d'une irrégularité ou d'une anomalie par rapport au mode de fonctionnement naturel de l'être humain. Cette anomalie ou illusion de domination divine a été rapidement contrôlée par le pouvoir politique, puis elle a été entourée et soutenue par un groupe d'intérêts particuliers. Tout sens originel ou archaïque du pouvoir sacré a été rapidement supplanté par une forme institutionnelle de pouvoir social, religieux et politique. Celui-ci s'appuyait initialement sur la main inviolable de l'autorité divine. Il s'est ensuite transformé en une structure d'étatisme et de pseudo-monarchisme, elle-même supplantée par un réseau d'élites invisibles et largement intouchables. Les mains cachées ont toujours tiré les ficelles à l'abri des regards. Ce sont ces ficelles qui font vibrer les cordes de l'histoire humaine. Le but ultime de ces "mains cachées" est de contrôler l'esprit rêveur. Le monde phénoménal est le monde de l'esprit rêveur. C'est ce rêve - la simulation de la vie - qui soutient la vie que nous connaissons dans l'Inversion.

L'image est le meilleur moyen d'attirer l'esprit du rêveur. Les histoires-images sont ce qui influence et attire le plus le développement d'une société, comme si l'avenir s'inclinait vers l'image qui s'impose pour dépeindre son futur. Une histoire dominante agit comme un attracteur magnétique pour les sous-récits et les concepts de réalité de moindre importance, qui sont attirés dans une construction perceptive et matérielle spécifique. Ainsi, les images deviennent des rituels.

L'IMAGE EN TANT QUE RITUEL

Le célèbre mythologue Joseph Campbell a mis en avant les cinq fonctions importantes dévolues aux histoires-images et aux rituels d'une société. Il s'agit des domaines mystique, cosmologique, sociologique, psychologique et du domaine éditorial. En bref, le domaine mystique s'applique au sens et à la signification des expériences réalisées par les membres d'une société. Le domaine cosmologique présente des images de l'univers et donne une structure plus large à la compréhension de la vie humaine. Le domaine sociologique soutient, valide et renforce l'ordre social local, y compris ses rituels, ses mythes et ses normes sociétales inclusives. Le domaine psychologique est ce qui guide les gens dans leur vie, leur donne des enseignements et une éducation, et des rites de passage. Enfin, la fonction éditoriale consiste à donner des définitions aux constructions de la réalité et à façonner les perceptions et les perspectives. Campbell a ensuite ajouté deux fonctions supplémentaires : la politique et la magie. La politique valide l'autorité de certaines revendications et de certains rôles ; et la magie valide certains des rituels adoptés au sein de la société.

À l'époque moderne, ces fonctions ont cependant été déformées par rapport à leurs positions originelles. On a négligé la dimension mystique, car son sens profond et son enchantement se sont perdus, et les entreprises "spirituelles" ou religieuses sont désormais plus tournées vers le social que vers l'âme. La science et la technologie ont supplanté le domaine cosmologique et se sont intégrées à la mécanisation, au pouvoir et au contrôle : l'impulsion machinique et le pouvoir instrumental, nous y reviendrons. La dimension sociologique s'est changée en administration bureaucratique au lieu de s'intéresser aux mythes et aux rituels La psychologie est devenue une sorte d'hypnose de masse institutionnalisée, elle prépare les gens à n'être que les "membres efficaces" de la société (sur-socialisation). Quant à la fonction éditoriale, semblable au rôle d'un éditeur de nouvelles ou de livres, elle était autrefois représentée par l'Église, puis par l'establishment scientifique, et enfin par l'organisme gouvernemental : elle se trouve aujourd'hui entre les mains cachées d'une élite technocratique.

Les questions dominantes qui sous-tendent nombre de ces histoires-images sont les suivantes : libre arbitre, bien et mal, humain contre nature, esprit contre matière, immortalité (au-delà) contre mortalité (la vie), individu contre collectif, évolution et progrès, moralité et éthique – et maintenant, humain contre machine. La notion de libre arbitre humain, centrale dans l'histoire du rêveur, est passée du divin et du pouvoir sacré à la science et à la gouvernance sociale, puis au progrès et à la technologie. Dans l'ensemble, les tendances ci-dessus nous montrent que le mouvement de l'histoire est passé d'une participation cosmique à une affaire de mécanisation, d'automatisation et de technologisation avancée de l'humanité ; ainsi se sépare-t-elle toujours plus du contexte organique de la vie. Il s'agit-là d'un glissement vers les forces de l'impulsion machinique, j'y reviendrai. Aujourd'hui, le modèle qui domine est l'émergence accélérée de forces technologiques qui, par nature, impliquent les caractéristiques essentielles d'une nouvelle histoire. Cependant, il est préoccupant de constater que ces nouvelles caractéristiques s'étendent également à divers aspects existants qu'on ne peut pas prendre en compte dans notre histoire humaine. Ces aspects comprennent : le rationalisme, le mécanisme, l'individualisme (priorité au soi) et le matérialisme. Ces forces soutiennent et valident largement une histoire économique où les moteurs principaux sont le progrès matériel et la croissance. Ce rêve d'accumulation inlassable n'a pas produit l'équilibre mais au contraire, la dissonance, l'épuisement et la fragmentation psychique.[1] C'est une histoire qui a lentement influé non seulement sur une projection machinique-matérielle de la conscience mais aussi, et c'est important, sur une forme d'inconscient machinique.

Le problème avec l'histoire dominante, c'est qu'elle devient rapidement l'image qui crée l'environnement de vie émergent. Pour influencer l'avenir de la vie humaine, il faut commencer très tôt à contrôler et à gérer l'histoire qu'elle se raconte ou celle qu'elle adopte pour la faire sienne. L'image technologique de l'humanité, dans sa forme actuelle, est en gestation depuis les affres de la révolution industrielle. Fécondée lors de la première révolution industrielle, elle s'est développée in utero lors de la deuxième révolution industrielle, puis elle a traversé l'épreuve de l'accouchement lors de la troisième révolution industrielle ; aujourd'hui, c'est une sage-femme numérique qui l'accueille dans le cadre de la quatrième révolution industrielle.[2] Nombreux sont ceux qui se réjouissent de cette naissance, cependant il convient de noter que l'impératif technologique s'est détaché de toute notion de bien-être humain. Le culte de l'efficacité - la divinité machinique - constitue désormais l'impératif dominant. Avec l'efficacité apparaissent la surveillance, la réglementation, la gestion et le contrôle.

Quand trop de divergences ou de décalage apparaissent entre le récit dominant et l'expérience de terrain, alors naissent les perturbations et les bouleversements sociaux. Les forces qui gouvernent nos sociétés humaines ont intérêt à ce qu'il y ait le moins possible de divergences. Ce qui se trouve dans l'esprit rêveur des gens doit correspondre le plus étroitement possible à leur expérience de vie, chacun doit se nourrir de l'autre afin de soutenir le rêve éveillé. Cela nous amène à un dilemme concernant l'avenir techno-numérique. En raison de ses impératifs de conception intrinsèques, le futur technologique nous échappera toujours (si nous ne sommes pas extrêmement prudents, ce qui n'est généralement pas le cas). Grâce à l'IA (intelligence artificielle), à l'apprentissage profond et à l'informatique quantique, par exemple, le monde technologique ne se contentera pas de se remodeler et de se propager au-delà de la compréhension humaine, il développera aussi une infrastructure et un monde numérique (un paysage de rêve métavers) au-delà de la capacité humaine à le saisir. Ce seuil qui marque les limites de la capacité humaine, les commentateurs de la technologie le nomment "Singularité technologique".[3] Si l'avenir au-delà de ce seuil dépasse aussi la capacité humaine à l'envisager, à le saisir et à donner un sens à l'histoire, alors l'inversion n'est plus tellement une histoire participative mais un piège dans l'histoire d'un autre. La question qui se pose ici à l'humanité est de savoir si, collectivement et individuellement, il existe une résistance à cette perte d'histoire. Une influence majeure sur ce facteur est de savoir si l'individu a le sentiment que sa propre histoire a un sens et un but significatifs à l'époque actuelle. S'il y a une perte croissante de sens individuel dans l'histoire dominante en place, il y aura moins de résistance à passer à l'histoire entrante d'un autre. En effet, quelle sera la différence, pourrait-on demander, si l'histoire que nous vivons actuellement n'a déjà plus de sens ? Tout cela fait partie du jeu de contrôle de l'esprit rêveur - l'inversion collective - et se rapporte à ce que je vais aborder concernant la dissociation dans la psyché moderne.

On dit qu'une existence pleine de sens découle des relations entre soi, la société (relations sociales) et le cosmos au sens large. Tous ces éléments font également partie de l'histoire du rêve et ne devraient pas en être dissociés. L'image que l'humanité a eue d'elle-même lui est toujours venue de l'extérieur. L'histoire plus vaste qui perpétue l'inversion a toujours déclenché l'idée que l'individu se fait de lui-même. Il s'agit donc d'une image personnelle construite à partir des influences du récit extérieur qui ont été filtrées et intériorisées. Ce qui a manqué, c'est un certain degré d'autoréflexion capable de produire, de développer et de nourrir sa propre histoire dans le cadre du grand rêve. C'est pourquoi de nombreuses traditions de sagesse ont utilisé le cri de ralliement "Réveille-toi, rêveur, réveille-toi !".

Jusqu'à présent, la plupart des "éveils" individuels, des progrès en connaissance de soi n'ont conduit qu'à renforcer l'intégration de la personne dans le récit consensuel. Au lieu de l'aider à sortir du rêve, bien des formes d'éveil individuel (ou de soi-disant "éveils") ont encore renforcé son sentiment de participation, même s'il diffère légèrement de la perspective de "simple rouage dans la machine". Mais ces modes de participation approfondis ne font que renforcer et valider le consensus dominant. L'Inversion veut à tout prix maintenir l'ordre social. Elle ne peut tolérer qu'on veuille le transcender au nom d'un impératif mystique authentique, car cela impliquerait de rompre avec les systèmes de contrôle de l'Inversion. L'appel intérieur à la transcendance, qui pousse à sortir du rêve, devient dérangeant, il s'oppose à l'appareil de contrôle. C'est pourquoi on s'échine à rediriger et à gérer ce genre de pulsions par diverses stratégies d'éducation socio-spirituelle. Nous y reviendrons. Attention à ne pas laisser le "mystique excentrique" contaminer les masses, la transcendance est contagieuse. C'est pourquoi la plupart des autorités sociales tolèrent le chemin balisé du "développement personnel" commercial et même, elles l'encouragent, car la plupart de ceux qui l'empruntent renforcent encore leur confinement dans l'Inversion. Seuls quelques-uns s'en échappent.

La plupart des révolutions sociales ont cherché à usurper le statu quo en place et à modifier l'histoire secondaire ; certaines y sont parvenu. Pourtant, l'histoire globale du temps de rêve reste en place. On a bien modifié une scène dans l'un des actes ; certains personnages ont quitté la scène, d'autres sont entrés. Mais la pièce reste une pièce et, comme dit Shakespeare, le monde entier est une scène. Disons, pour employer un langage moderne, que les programmes ont changé mais pas les méta-programmes. Autrement dit, la plupart des transformations culturelles adaptent le récit dominant antérieur, elles inaugurent un nouveau rêve adapté à l'époque. Cependant la conscience rêveuse de l'humanité demeure malgré tout. L'inversion évolue, et on néglige (intentionnellement) la perception accrue de la conscience.

Quelle est l'histoire qui l'emportera et dominera l'ancienne ? Peut-être l'avenir sera-t-il partagé entre différents récits dominants, tels que la réalisation sociale (techno-futur) et la réalisation de soi (futur centré sur l'homme). Ou bien on hésitera entre le tolérable et le souhaitable, entre ce qui répare et ce qui manipule. Un élément important qui va jouer en faveur du rêveur, c'est que presque toutes les histoires, surtout les narratifs dominants, contiennent inévitablement des anomalies. Ces anomalies peuvent être fondamentales pour la fonction sous-jacente du récit principal. Aucune histoire n'est parfaitement étanche, demandez-le à n'importe quel conteur ! Dans le cas présent, les anomalies sont le plus souvent liées à la présence de l'être humain, une présence imprévisible, mais infiniment créative et résistante. Il se peut que les "mains cachées" aient parfois utilisé des histoires pour éviter que les troupeaux ne se jettent du haut de la falaise tels des lemmings ou ne deviennent les victimes de leurs pires cauchemars.

Étant donné que l'histoire humaine authentique est absente ici, un trou non visible mais incontournable s'est creusé dans le cœur du rêveur. On peut dire que, d'une manière générale, le rêveur porte une blessure. Certaines histoires ont pu servir de contrepoids à ce manque de plénitude. L'évolution humaine devait assurer la pérennité de l'espèce. L'anéantissement de soi ne sera jamais une perspective à long terme. On peut considérer l'impulsion religieuse comme un facteur inhibant cette annihilation ou encore comme une histoire de fond de la création, le pourquoi et le comment de l'existence. C'est pourquoi presque toutes les cultures ont leurs récits de genèse, leurs mythes, à base de dieux ou d'extraterrestres. Ils donnent au récit un point d'origine à partir duquel le stylo a commencé à écrire les premiers mots. Cependant, les récits de genèse semblent aussi plus inclusifs et contenus : ils constituent un contenant parfait pour un système de contrôle global à implanter dans la construction de la réalité inversée. On peut supposer que la lignée évolutive de l'humanité dans l'Inversion réside dans un programme de contrôle très sophistiqué que quelques mains cachées bien organisées maintiennent inlassablement sur la planète.

Une part du discours de programmation a suscité une mentalité de "victime" qui favorise un sentiment d'incapacité et d'inaptitude à résister aux forces extérieures. On berce aussi l'espoir d'être secouru ou "sauvé" par ces agents extérieurs. Ces formes de dépendance extérieure ont conduit, au fil du temps, à un affaiblissement de la responsabilité personnelle, à une anxiété à l'idée de quitter les zones de confort établies et à la peur de l'inconnu et de l'incertain. Le chercheur John Lamb Lash nous le fait remarquer : une sorte d'"histoire du salut" a dominé la dernière partie du récit religieux occidental. Ce *salutisme* est "ancré dans un ensemble de croyances qui portent sur la création, le péché, la sexualité, l'élection divine, l'intervention extérieure, la rédemption, le jugement cosmique, le châtiment et la résurrection. Tel est le scénario directeur de la civilisation occidentale".[4] Lash considère que ce salutisme divin est totalement contraire aux instincts moraux innés de l'humanité, autrement dit, qu'il s'agit d'une construction narrative artificielle. Une bonne part de notre histoire sacrée institutionnalisée est ainsi en partie responsable de l'aliénation de la psyché humaine. Comme nos ancêtres bibliques, nous avons erré en exil. Lash note également qu'une sorte de psyché communautaire a exercé un grand pouvoir sur l'esprit humain. Autrement dit, un récit consensuel a été à l'origine de la naissance ou de la formation de nos systèmes sociaux et des structures de contrôle de la gestion sociale qui en ont découlé. Disons que nous avons hérité d'une mutation mythologique et que, comme une boucle, nous revivons sans cesse cette programmation au sein de l'Inversion. Ce dont chaque individu a besoin, c'est d'une sorte d'immunité psychique, mais si peu de gens en voient la nécessité, c'est qu'ils sont très rares à reconnaître le problème. Comme le dit Lash : "À moins qu'elle ne dispose d'une force de résistance interne, d'une sorte d'immunité psychique, la psyché individuelle s'adapte au stress de l'imagination collective. On devient ce qu'on croit et on oublie ce qu'on sait ".[5] L'histoire de l'humanité raconte depuis longtemps comment le récit (le programme) collectif maintient captifs les esprits individuels. C'est de là qu'est née la grande tromperie, l'inversion d'une réalité inférieure.

References

[1] Par exemple, voir Anti-Oedipus de Gilles Deleuze et Felix Guattari

[2] Voir mon livre Hijacking Reality : the Reprogramming & Reorganization of Human Life (Détournement de la réalité : la reprogrammation et la réorganisation de la vie humaine).voir le Forum économique mondial sur ce sujet - https://www.weforum.org/agenda/2016/01/the-fourth-industrial-revolution-what-it-means-and-how-to-respond/ (consulté le 31 août 2022)

[3] Voir mon livre Hijacking Reality : the Reprogramming & Reorganization of Human Life (Détournement de la réalité : la reprogrammation et la réorganisation de la vie humaine).voir en particulier l'ouvrage The Singularity is Near (La singularité est proche) de Ray Kurzweil

[4] John Lamb Lash, Not In His Image : Vision gnostique, écologie sacrée et avenir de la croyance (Vermont : Chelsea Green Publishing, 2006), 67

[5] John Lamb Lash, Not In His Image : Vision gnostique, écologie sacrée et avenir de la croyance (Vermont : Chelsea Green Publishing, 2006), 86

Chapitre Deux

L'inversion
(La Grande Tromperie)

> *"Ceux qui sont capables de voir au-delà des ombres et des mensonges de leur culture ne seront jamais compris, et encore moins crus, par les masses."*
>
> Platon

Comme je parle ici d'inversions, de fausses réalités et de constructions déformées, je me référerai à la perspective et à la vision gnostiques. Comme je l'ai expliqué dans mon ouvrage précédent - *Guérir l'esprit blessé* - le gnosticisme est l'expression d'une connaissance particulière de la réalité. Il s'agit d'une forme de connaissance directe, intuitive, qui transforme la psyché humaine et accroît les facultés de perception. Une véritable voie gnostique n'est pas une voie religieuse, en dépit de ce que prétendent certains érudits religieux. La connaissance intuitive directe fournit des informations sur la structure de la réalité, mais elle n'apporte pas la "Vérité". Au contraire, elle fournit à la personne les moyens de se détacher du récit dominant et de percevoir au-delà de la construction de la réalité. Ce que dit ce corpus de connaissances intuitives, c'est que l'être humain n'est pas une créature purement matérielle - un complexe bio-physique composé d'atomes - mais qu'il est un véhicule permettant à son esprit intérieur de maintenir le contact avec la Source. Ce contact avec la Source amène la conscience à dépasser la gamme ordinaire des perceptions. La gnose est une communion directe avec la Source, sans l'intermédiaire d'un agent ou d'une institution. Un guide, ou un "montreur de chemin", pourra aider à certains moments, mais la réalisation finale reste une connaissance personnelle, directe et expérimentale. La philosophie gnostique affirme qu'il subsiste en chacun une trace mémorielle de son intégrité. Cette mémoire résiduelle, on peut la ressentir au plus profond de soi comme une "urgence" ou une "pression", comme si l'on avait oublié quelque chose, comme si on devait tenir une promesse envers soi-même. C'est elle qui existe en tant qu'antidote à la programmation mentale de masse qui soutient l'esprit rêveur.

Cependant, l'individu est imprégné de compulsions inconscientes qui agissent contre le potentiel inné de développement. Ces forces contre-évolutives ont reçu de nombreux noms au fil des ans : djinns, diables, archontes, extraterrestres, forces hostiles, etc. On peut considérer ces forces qui cherchent à dominer psychiquement l'individu comme des aspects de l'Inversion qui veulent empêcher l'esprit rêveur de s'éveiller et de reconnaître son état captif de conscience limitée. La reconnaissance de ces forces antagonistes dans la vie humaine appartient aussi à la conception gnostique. En reconnaissant qu'il existe des forces de "domination psychique", cette conception prend le mal au sérieux. Cette reconnaissance est d'autant plus importante pour notre monde actuel que ces forces sont non seulement plus actives, mais aussi plus visibles dans leurs machinations. La perspective gnostique identifie ces impulsions dégénératives à l'œuvre. Il faut avoir ressenti et expérimenté ce sens de "l'esprit étranger" - aliénation de la conscience humaine - avant de le reconnaître pour ce qu'il est. Alors seulement, l'esprit du rêveur peut voir son propre état de rêve. Autrement dit, l'acteur peut voir qu'il joue une pièce écrite par quelqu'un d'autre.

Il peut sembler étrange d'affirmer que des "forces obscures" sont à l'œuvre dans cette construction de la réalité, mais un examen attentif prouvera que c'est bien le cas. Par ailleurs, n'est-il pas vrai que, dès qu'une personne tente d'approfondir ce genre de recherches, elle voit surgir des éléments de distraction qui tentent de la faire dévier de sa route ? Les forces d'auto-illusion sont incroyablement persuasives. L'ignorance n'est pas un antidote, l'évasion dans des distractions passagères ne résout rien. Voilà pourquoi la société moderne regorge de divertissements et de pièges commerciaux. Le génie, le djinn, est déjà sorti de la bouteille, il parade devant nous en permanence avec ses marchandises clinquantes et ses tours d'hypnotiseur. La grande Inversion qu'est cette construction de la réalité (cette simulation de la réalité) se présente à travers une série de rituels. Les gnostiques considèrent comme morts intérieurement ceux qui préfèrent s'identifier entièrement au monde physique et matériel, à l'exclusion du monde métaphysique. C'est peut-être pour cela que les divertissements actuels comptent tant de films, de séries télévisées et de livres sur les zombies et les morts-vivants. Nous nous regardons en face sans nous en rendre compte. La plaisanterie relève du secret de polichinelle, mais la plupart des gens ne la voient pas.

La mort, l'agonie et les descentes aux enfers font l'objet d'un symbolisme mythologique important. Les morts doivent apprendre à revivre dans la vie, faute de quoi ils restent à jamais dans une réalité qui est le monde des rêves (l'Hadès, l'Enfer?). La vision gnostique reconnaît l'obscurité autant que la lumière. Elle les voit toutes deux fonctionner et non s'opposer inévitablement. Il convient d'affronter les polarités, non de les ignorer. Il faut voir les ombres et les identifier, car c'est à travers l'obscurité qu'entre la lumière. De même qu'aucun arbre sain ne saurait renier ses racines qui plongent dans les profondeurs du sol obscur. Agir ainsi entraînerait la mort. La vie consiste aussi à s'enraciner dans son propre sol pour prendre conscience de ce qui se passe à l'intérieur du rêve. Selon le mythologue Joseph Campbell : "Ce n'est pas la société qui doit guider et sauver le héros créatif, c'est exactement l'inverse. Chacun de nous partage donc l'épreuve suprême, porter la croix rédemptrice, non pas dans les moments lumineux de grande victoire de sa tribu, mais dans les silences de son désespoir personnel".[1] L'archétype sacré du rédempteur consiste à apporter des énergies créatives après avoir reconnu les ombres les plus obscures de l'histoire rêvée.

LE RÉDEMPTEUR

La notion de rédempteur est un concept puissant. De façon superficielle, les histoires religieuses passent à côté de l'essentiel en soutenant l'idée que le(s) dieu(x) sauve(nt) l'humanité ; c'est ainsi qu'elles détournent la notion de renaissance de l'individu à travers une mort à lui-même (mort de l'ego) afin de devenir son propre rédempteur. L'histoire de la réalisation intérieure va à l'encontre de l'idée, de l'idéologie, d'un dieu extérieur et interventionniste. On a dû éliminer le récit de l'éveil du rêveur - "mourir avant de mourir" - car il menaçait dangereusement le récit dominant. La perspective gnostique considère le récit salutiste comme une corruption. Entre autres, parce qu'il installe chez les gens une mentalité de victime et qu'il affaiblit le libre arbitre individuel. Devoir son salut à une intervention extérieure prive l'être humain de sa capacité naturelle et innée à rechercher et à nourrir son propre développement. Mais la construction de la réalité ne souhaite pas que les gens assument leur propre rédemption. Ils acquerraient alors une autorité et une indépendance intérieures qui les conduiraient inévitablement à guider les autres et à leur montrer le chemin.

La vision gnostique n'est pas une doctrine ni une idéologie spécifique, ni une philosophie déterminée, elle est encore moins un dogme. C'est une vision, une façon de percevoir la réalité. La vision gnostique perçoit précisément l'inversion de la réalité. Le gnostique perçoit à travers les couches secondaires et superficielles de la réalité des vérités plus profondes. Imaginez-vous suspendu à l'envers dans une pièce : tout ce que vous voyez est retourné, inversé. Dans la célèbre analogie de Platon, on ne voit que les ombres sur le mur, et non la source qui produit ces ombres. Ce royaume inversé est le monde du rêveur. Le rédempteur est la personne, le chemin ou le guide qui aide le rêveur à déclencher la clarté d'une vraie conscience. Secrètement, chaque rêveur aspire à être racheté, même s'il n'en a pas conscience. Être racheté, c'est reprendre possession de quelque chose, de soi-même. Disons plutôt qu'il s'agit de retrouver sa connexion innée avec la Source. Ce contact, cette communion, nous devons les racheter, les revendiquer comme notre véritable héritage. La vision gnostique s'inscrit dans la tradition qui veut rétablir la communion originelle de l'humanité avec la Source. Pour ce faire, la personne doit d'abord reconnaître qu'elle est en train de rêver. Puis, elle doit prendre conscience des forces qui perpétuent et alimentent ce rêve illusoire, cette réalité inversée. Enfin, elle doit trouver les moyens de transcender l'inversion et d'accéder à la clarté de la perception.

Tout comme d'autres traditions de sagesse, la vision gnostique reconnaît qu'il existe des forces spécifiques qui œuvrent afin de maintenir l'inversion et de tirer profit d'une humanité endormie. Ces forces ont porté divers noms, selon l'époque, le lieu, le peuple ou la tradition porteurs de cette connaissance. Cependant, les méthodes, les moyens, les tactiques et les objectifs de ces forces restent les mêmes. Leur but est de tromper, de manipuler et, si possible, de contrôler tous ceux qui participent à la construction de la réalité. Leur stratégie principale pour atteindre ces objectifs est le mimétisme. Pour définir simplement le mimétisme, il s'agit d'imiter ou de copier quelqu'un ou quelque chose, généralement dans un but précis. Dans notre contexte, la copie est une version fausse qui prend la place de la vraie. Selon le mystique persan Rumi : "Si l'or faux existe c'est qu'il existe un or vrai". Le faux sert aussi à vérifier l'existence de l'original. En langage moderne, nous parlerions de simulation ou de simulacre pour définir cette "fausse version", ce mimétisme, facette croissante de la vie contemporaine. Les forces du mimétisme et de l'illusion sont des impostures. Les gnostiques les qualifiaient de "parasites cosmiques", dès lors qu'elles se nourrissent des énergies et des perceptions des êtres humains. Leur plus grande ruse est l'auto-illusion, car si l'individu choisit de croire à la réalité inversée, à la réalité de remplacement, alors c'en est fait de lui. Nous sommes trompés, nous investissons dans nos propres illusions. De façon permanente, ces forces gèrent un simulacre et prospèrent à l'aide de perceptions simulées et d'une psychologie humaine inversée. C'est ainsi qu'elles pénètrent littéralement "dans nos têtes", nous faisant faire tout le travail de l'illusion. La stratégie est impressionnante. Et diablement efficace.

Préférer la simulation au Réel crée un dangereux précédent pour s'éloigner de l'évolution consciente de l'humanité. L'accent mis sur la réplication plutôt que sur le réel est un signe d'"erreur spirituelle". Ce faux récit a créé et soutenu une construction de domination sociale et de contrôle spirituel qui est devenue l'histoire dominante de l'essentiel de la civilisation humaine. Selon la perception gnostique, ces forces sont dans l'erreur plutôt que maléfiques. Les considérer comme mauvaises suggère non seulement qu'elles ne devraient pas faire partie de l'existence, mais qu'elles échappent à la rédemption, à la reprise de contact avec la Source. Or, ces deux suggestions sont fausses. L'erreur est, elle aussi, une composante nécessaire de l'existence, car sa présence aide à valider ce qui relève de "la vérité". Là encore, l'or faux n'existe que pour montrer la valeur de l'or vrai. Plus il y a d'or faux en circulation, plus la valeur de l'or vrai augmente. Sans compter que les erreurs permettent aux gens de faire des choix, elles les obligent parfois à naviguer à travers leurs erreurs. Les erreurs nous permettent d'apprendre plus rapidement que nous ne l'aurions fait sans elles. Elles constituent un élément d'apprentissage fondamental dans l'expérience de la vie humaine. Les erreurs sont donc complémentaires de l'existence, mais il convient aussi de les éviter autant que possible. Si nous succombons à nos erreurs, si nous les laissons renforcer leur présence, nous mettons en péril notre évolution, car ces forces d'erreur sont dévolutives, entropiques.

L'ERREUR

Dans l'Évangile gnostique de Philippe, il est écrit : "Tant que la racine de la méchanceté reste cachée, elle est forte. Mais dès qu'on la reconnaît, elle se dissout. Une fois révélée, elle meurt... Si elle est puissante, c'est que nous ne l'avons pas reconnue." (II, 3, 83.5-30). L'être humain dévie à cause des erreurs qui encombrent son esprit. Il s'agit de les reconnaître. Pour discerner ce qui est réel, le rêveur doit d'abord apprendre à reconnaître ce qui est faux, ce qui est erroné. Le Réel est voilé par ce qui nous trompe. Selon le mythologue comparatiste John Lamb Lash, la perspective gnostique énonce trois aspects de l'erreur humaine : 1) les humains sont des créatures qui apprennent de leurs erreurs ; 2) pour apprendre de nos erreurs, il nous faut les repérer et les corriger ; et 3) quand nous ne parvenons pas à détecter nos erreurs ni à les corriger, elles peuvent extrapoler à outrance et nous entraîner au-delà des limites humaines.[2] Quand nous succombons à nos erreurs, les forces dévolutionnaires et entropiques sont les plus efficaces et les plus actives ; elles interviennent pour contraindre davantage la personne à s'éloigner du chemin de la conscience et d'un possible éveil. Les erreurs semblent faire partie intégrante du récit de rêve de l'Inversion.

Ce n'est pas un hasard si le récit de la vie moderne encourage les gens à développer une "forte personnalité" et une "identité" robuste afin de "se débrouiller" dans le monde et d'émerger au milieu des masses compétitives. Cet individualisme égoïste est un signe des temps, il renforce l'ego, il éloigne la personne d'une perception claire. Dans l'esprit rêveur, nous risquons de perdre la connexion avec notre esprit intérieur. Pour reprendre les termes de Lash : "Faute de posséder et de faire évoluer l'intelligence innée de notre espèce, nous risquons d'être déviés par un autre type d'esprit, une intelligence artificielle qui nous rend irréels à nos propres yeux".[3] Le risque de cette perte humaine au profit d'une intelligence artificielle est l'un des thèmes centraux de ce livre. La sacralité humaine innée qui réside au cœur de chaque rêveur exige un certain degré de responsabilité, car son accès nous sera fermé si nous succombons trop profondément à l'Inversion.

Les forces de distraction de l'inversion sont très habiles à s'engager dans ce que nous appellerons une programmation de l'esprit. Les techniques occultes utilisées pour la programmation négative de l'esprit social sont bien connues de nombreux groupes, elles représentent un grand risque. Dans l'état actuel de la construction de la réalité, diverses formes d'ingénierie sociale, de rituels psychiques-occultes et de programmation mentale sont développés à grande échelle (j'ai abordé certains de ces aspects dans mon précédent livre, *Hijacking Reality*).[4] Encore une fois, nous revenons à la notion de simulation/simulacre, et aux problèmes bien réels des *fake news*, des pseudo-événements, des falsifications, de la réalité augmentée, et de l'estompement des lignes entre un récit et un autre. Même nos sens physiques ordinaires sont trompés et nous trompent à leur tour. Les "erreurs" de l'inversion se cachent dans nos propres schémas de pensée. Les anomalies, les déviances, sont installées dans nos esprits. Autrement dit, on nous implante de faux esprits.

Les visionnaires gnostiques ont créé un corpus d'œuvres qui présentent leur cosmologie ; on a redécouvert récemment certains de ces documents dans *les textes de Nag Hammadi*. Leur cosmologie explique que la vie humaine sur cette planète est sous l'influence d'une intelligence - un "imposteur de dieu" - qui cherche à maintenir un contrôle néfaste sur l'humanité en établissant une réalité inversée. D'où l'existence de l'Inversion. Cette intelligence, que les gnostiques appelaient le Démiurge, est capable d'accéder à ce monde et de l'influencer à travers l'esprit de l'humanité. Grâce à cette influence, le Démiurge (et ses acolytes) cherche à tout moment à tromper l'humanité. De plus, de nombreuses personnes en position de pouvoir - des prêtres-rois d'autrefois aux oligarques d'aujourd'hui - ont reçu de ces forces le soutien et les "formes d'énergie" pour évoluer et renforcer leur influence sur l'humanité. Ces factions humaines ont aussi cherché à occuper des positions de pouvoir socioculturel et politico-financier sur la planète afin de soutenir et de gérer cette construction de réalité inversée. En effet, cela leur permet d'exercer un contrôle autoritaire, tant sur le plan physique que psychique. Selon les gnostiques, ce sont ces éléments de contrôle qui continuent à créer le récit dominant et la "culture dominatrice" dans le but de favoriser chez les gens l'auto-illusion. Ainsi, les gens sont programmés selon des schémas de pensée erronés dès les premiers moments de leur vie, dès l'enfance. Si les gens changeaient leur façon de penser, les forces de contrôle perdraient leur domination. Mais dans le cadre de l'Inversion, on nous persuade de ne pas changer d'avis.

Les gens sont également conditionnés à ne pas comprendre leurs capacités humaines intrinsèques. Ce conditionnement les oblige à s'en remettre à des agences extérieures, à des organes de pouvoir social, au point d'en devenir dépendants ; ce qui les empêche de reconnaitre leurs capacités innées. La cognition et la perception humaines sont restreintes et, le plus souvent, corrompues par de faux récits et de fausses programmations. Les forces démiurgiques craignent que les humains reconnaissent leurs véritables potentialités, elles tentent d'empêcher l'humanité d'accéder à ses capacités de développement perceptif. Ces stratégies donnent lieu à des formes de contrôle psychosocial qui sont par nature insidieuses. C'est ainsi que l'humanité habite un "faux royaume" - l'Inversion - qui a besoin de corriger ses erreurs. L'humanité possède le potentiel inhérent à son évolution, mais en même temps, elle est vulnérable à l'influence des forces déviantes. Aussi notre véritable erreur est-elle l'ignorance. La perspective gnostique, cependant, ne blâme pas qui que ce soit, elle offre plutôt un moyen de recentrer la conscience et le développement vers un degré de perception plus fin. La vision gnostique cherche à acquérir des connaissances sur le fonctionnement de l'Inversion et à les tourner en faveur de l'individu en le réalignant vers une relation directe avec la Source. Le fait de savoir que nous nous sommes écartés de la Grande Réalité peut aussi servir de révélation pour nous aider à trouver notre reconnexion et notre réalignement. Reconnaître notre égarement est la clé qui nous permet d'entamer la poursuite d'une liberté authentique. Pourtant, la reconnaissance de notre égarement se fait toujours plus difficile à mesure que l'Inversion accélère son influence sur nous.

L'inversion a établi une construction de la réalité - une zone inversée - qui nous a habitués à son environnement et à son contexte. Au fil du temps, nous nous sommes de plus en plus immergés dans l'histoire de l'inversion. Et maintenant, l'inversion avance vers un domaine de mécanisation, ce que j'appellerai plus tard *l'impulsion machinique*. Nous sommes dans les machinations de l'Inversion, et nous ne savons pas où cela va nous mener. Ce que certains d'entre nous ressentent, c'est que la construction de la réalité actuelle atteint un point d'étirement, ou un moment de profonde transition. Nous avons toujours voyagé dans la zone inversée ; aujourd'hui, il se peut que nous commencions à nous y fondre. Le rêveur est entré dans le rêve du monde miroir.

References

[1] Cité dans Stephan A. Hoeller, The Gnostic Jung and the Seven Sermons to the Dead (Wheaton, IL : Quest Books, 2014), 113.

[2] John Lamb Lash, Not In His Image : Vision gnostique, écologie sacrée et avenir de la croyance (Vermont : Chelsea Green Publishing, 2006), 291.

[3] John Lamb Lash, Not In His Image : Vision gnostique, écologie sacrée et avenir de la croyance (Vermont : Chelsea Green Publishing, 2006), 117

[4] Hijacking Reality : the Reprogramming and Reorganization of Human Life (2021) (Détourner la réalité : la reprogrammation et la réorganisation de la vie humaine)

Chapitre Trois

Mondes Miroirs
(Paysages Fragmentés et Haute Etrangeté)

"Si vous ne savez pas ce qu'est la réalité, vous aurez toujours tendance à rechercher l'apparence."

Idries Shah

La réalité telle que nous la percevons est inversée, c'est du moins ce que je veux dire. De par cette situation, l'humanité voit la vie comme dans un miroir qui lui renvoie un reflet inversé. En outre, ce que nous croyons être notre construction de la réalité se fissure, car une construction purement matérielle ne saurait indéfiniment maintenir son existence sans connexion et communion avec une unité psychique plus grande. A mesure que nos technologies se substitueront à l'expérience de la vie physique, on verra augmenter la conscience gnostique de se sentir intégré dans une "construction de la réalité". Nous l'avons souligné au chapitre précédent, la vision gnostique montre que nous occupons une réalité contrefaite qui voile notre perception de la Grande Réalité. Si cette réalité contrefaite existe, c'est parce qu'il existe une autre réalité au verso. On peut dire qu'il existe une "fausse solidification" du monde basée sur une matérialité contrefaite : bienvenue dans l'Inversion. L'écrivain Philip K. Dick l'a bien compris, il a consacré toute sa vie de création à tenter de le déchiffrer. Dans l'un de ses derniers essais, écrit vers la fin de sa vie - "Cosmogonie et cosmologie" (1978) - Dick a tenté d'intégrer sa compréhension gnostique dans une cosmologie personnelle. Son essai s'ouvre sur ces mots :

> *"Quant au fait que notre réalité soit un cadre projeté, il semble qu'il s'agisse d'une projection réalisée par un artefact, une machine d'enseignement semblable à un ordinateur qui nous guide, nous programme et, d'une manière générale, nous contrôle tandis que nous agissons sans en avoir conscience au sein de notre monde projeté. L'artefact, que j'appelle Zebra, a "créé" (en fait seulement projeté) notre réalité comme une sorte de miroir ou d'image de son créateur, afin que ce dernier puisse obtenir ainsi un point de vue objectif pour comprendre son propre moi".*[1]

Dick estimait que la vie était une réalité projetée en évolution, à la fois défectueuse et "mal formée". Mais c'est justement cette défectuosité qui oblige l'être humain à rechercher une fusion, une assimilation, avec la Source (ce que Dick appelait l'"Urgrund", estampillé comme l'Absolu par Jakob Böhme). Dans notre situation actuelle, Dick considère que l'individu détient déjà en lui des fragments, des "fractions", de l'Urgrund (l'Absolu, la Source), et que le but ultime d'une vie humaine est d'accomplir cette fusion homme-Source : "Les humains se rapprochent déjà si étroitement de l'isomorphisme avec l'Urgrund que l'Urgrund peut naître à l'intérieur d'un être humain".[2] Dans la perspective de Dick, cet Urgrund (Absolu - Source de Tout) pénétrait constamment dans cette fausse construction de la réalité, et tentait soit de déclencher ou d'activer les gens, soit d'attendre qu'ils s'éveillent eux-mêmes, jusqu'au moment où une fusion pourrait se faire. Après cette fusion (ce "Blitz", terme que Dick emprunte au mystique allemand Jakob Böhme), l'être humain aurait une compréhension perceptuelle de la réalité qui transcenderait toutes les limites temporelles et spatiales actuelles de l'Inversion. Si un nombre suffisant de personnes s'assimilaient à la Source (la fusion), la construction de la réalité artificielle (l'inversion) serait anéantie. Elle céderait la place à une réalité sensible et consciente qui se situerait simultanément à l'intérieur de l'Urgrund/Source.

À l'instar de la vision gnostique, Dick pense que le faux dieu/Démiurge (ou "artefact") n'est pas plus mauvais que le faux monde projeté par le Démiurge. Le Démiurge est plutôt "impitoyablement déterministe et mécanique". De ce fait, on ne peut pas faire appel à lui. Le Démiurge est lui-même un artefact qui ne peut pas sonder une vérité plus grande que lui-même ou une raison d'être. Il ne fait qu'accomplir une fonction et y est indifférent - c'est la force que je décrirai plus tard comme l'impulsion machinique. Cette attitude est presque identique à celle exprimée par certains scientifiques contemporains qui travaillent à l'actualisation de l'intelligence artificielle (IA). Ils pensent également que l'IA à venir sera probablement indifférente à l'intelligence humaine parce qu'elle opérera dans une construction de la réalité différente (je reviendrai sur ce point dans les chapitres suivants). Pour Dick, il faut considérer la réalité comme un processus qui évolue vers la naissance ou la fusion de la Source chez l'être humain. En attendant, les humains sont contraints de subir les affres de la douleur qui accompagnent la vie dans un cosmos apparemment indifférent. Selon Dick, sa cosmologie est un modèle qui suggère que notre monde est la tentative d'une entité limitée de créer une copie, un mimétisme. Cela expliquerait alors les imperfections et les éléments "maléfiques" contenus dans cette construction de la réalité. Ce modèle explique, selon Dick, les faits suivants :

1. le monde empirique n'est pas tout à fait réel, il n'est réel qu'en apparence ;
2. il n'est pas possible de faire appel à son créateur pour rectifier ou corriger ces défauts et ses imperfections ;
3. le monde évolue vers une sorte d'état final ou de but, dont la nature est obscure, mais dont l'aspect évolutif des états de changement suggère un état final bon et intentionnel, conçu par une proto-entité sensible et bienveillante. [3]

Selon ce schéma, l'Urgrund (Source-de-Tout) et l'humanité se dirigent vers une fusion, tandis que l'entité intermédiaire (artefact-Démiurge) se dirige vers une élimination finale.

Bien sûr, cela soulève également la question suivante : si le Démiurge prenait conscience de sa propre disparition, ne chercherait-il pas quelque astuce pour l'éviter ? Peut-être que l'accélération vers l'IA et une techno-infrastructure mondiale est un moyen de saboter cette fusion entre l'homme et la source, en encapsulant davantage l'être humain dans une construction artificielle et trompeuse ? J'y reviendrai. Ce que montre la cosmologie de Dick, c'est une forme de lutte évolutive, ou de contestation, entre une trajectoire évolutive naturelle et un chemin dévolutif artificiel. Au sein de la construction de la réalité, il sera probablement difficile de discerner quelles pressions proviennent du Démiurge - l'artefact de l'erreur et de la fausseté - et lesquelles proviennent de la Grande Réalité de la Source. On peut supposer que cela représente notre lutte humaine permanente dans la polarité entre "le bien et le mal", telle qu'elle a été communément décrite au cours des millénaires. La cosmologie de Dick reconnaît aussi ce combat de polarité en affirmant qu'il existe des preuves que l'Urgrund/Source fait, de temps à autre, une révélation aux êtres humains afin de faire avancer le processus d'évolution positive vers la connaissance éclairée ou perceptuelle. Et pour contrer cette impulsion, l'entité démiurgique "faux dieu" induirait "l'aveuglement ou l'occlusion" pour faire progresser l'inconnaissance et l'obscurité perceptuelle. Selon Dick, il s'agit là de la lutte perpétuelle entre "le savoir et le non-savoir".

Malgré tout, Dick s'avoue pessimiste quant à l'avenir de l'humanité, car la construction artificielle en place est tout simplement trop bonne pour faire ce qu'elle fait, elle fonctionne trop bien. Les humains ne peuvent donc pas compter uniquement sur l'intervention pour les aider à s'échapper de cette fausse prison. Ils doivent aussi chercher à activer l'étincelle sacrée qui est en eux. L'élévation doit d'abord venir de l'intérieur de l'individu pour espérer rencontrer à mi-chemin l'intervention de la Source au-delà de la construction :

> *L'intervention dans notre monde en tant que monde ne se fera qu'à la fin des temps, lorsque l'artefact et son règne tyrannique sur nous, son esclavage de fer sur nous, seront abolis. L'Urgrund est réel mais lointain. L'artefact est réel et très proche, mais il n'a pas d'oreilles pour entendre, pas d'yeux pour voir, pas d'âme pour écouter.* [4]

L'aspect important ici est la reconnaissance du fait qu'au sein de la construction actuelle de la réalité, l'Inversion, il existe un domaine alternatif non visible de la réalité authentique. L'existence d'une telle vérité, dissimulée par la réalité projetée ou le monde miroir, constituerait, selon Dick, la "plus grande connaissance ésotérique que l'on puisse imaginer". De plus, il existe très probablement des groupes ou des organisations inconnus qui conservent la connaissance de ces techniques capables de déclencher la conscience perceptive de cette réalité authentique.

Un autre point important ici, dans ce monde au miroir inversé - la réalité de la haute bizarrerie de Dick - est la lutte polarisée entre la libération et l'asservissement. Dès lors qu'il asservit les hommes à leur insu, on peut dire que l'artefact et le monde qu'il projette sont "hostiles", ils sont voués à l'asservissement, à la tromperie et à la mort spirituelle. Dans l'esprit rêveur, la vie est artificiellement hostile à l'éveil et à la libération individuelle. Pourtant, cet état de fait s'est normalisé dans la construction dominante de la réalité. C'est pourquoi on peut dire que la réalité est inversée car, à leur insu, les gens sont conditionnés à intégrer dans leur mode de vie habituel leur "asservissement, leur tromperie et leur mort spirituelle". La réalité qu'on nous présente est une contrefaçon qui se révèle puissamment efficace. Elle est tellement efficace que la plupart des gens n'essaient même pas de chercher une autre solution. Le pouvoir coercitif de l'esprit rêveur démiurgique est aussi pénétrant que subtil. Pour affirmer l'existence de la Grande Réalité, la personne devra nier la domination de la réalité consensuelle. Ceux qui ont osé le faire ont connu le harcèlement, la persécution, voire la mort. La construction onirique ne tolère pas les dissidents. Tant que la personne n'arrive pas à nier la construction de la réalité en s'initiant à l'art de "mourir avant de mourir", elle demeure piégée dans cette construction toute sa vie. La libération exige donc une forme spécifique d'abandon, un renoncement à la persona et à la domination du moi égotique. On considère que ce renoncement fait partie du "processus d'apprentissage", il permet de vaincre l'esclavage de la programmation des rêves. Dick souligne plusieurs aspects nécessaires à ce processus d'apprentissage :

> 1. *Nous devons reconnaître l'existence de l'artefact.*
> 2. *Nous devons reconnaître le caractère fallacieux du monde empirique généré par l'artefact.*

3. Nous devons comprendre que l'artefact, par sa capacité à projeter un monde, nous a réduits à l'esclavage.
4. Nous devons reconnaître que l'artefact, bien qu'il nous asservisse dans un monde contrefait, nous enseigne.
5. Nous devons finalement en arriver au point où nous désobéissons à notre maître - peut-être le moment le plus difficile de la vie, dans la mesure où ce maître dit : "Je te détruirai si tu me désobéis, et j'aurais moralement raison de le faire, puisque je suis ton Créateur ".[5]

Quand il désobéit au "maître" (le faux dieu), l'individu nie la construction de la réalité et c'est là tout l'enjeu. Mais il n'est pas facile d'atteindre ce stade, en particulier dans le cadre d'une construction de la réalité qui submerge le rêveur sous tant de distractions. Ceux qui bénéficient le plus de cette construction artificielle - par la célébrité, la richesse, le plaisir, etc. - sont les moins susceptibles de se retourner contre elle, et encore moins de la nier. Dans les faits, ces rêveurs font des efforts soutenus pour maintenir la construction de la réalité, afin de préserver leurs avantages. Ils maintiennent donc l'inversion de l'intérieur de façon volontaire. Les rêveurs perpétuent eux-mêmes le rêve inversé, car ils tirent plaisir et avantages de son existence même.

Les personnes les moins à même de bénéficier de la construction de la réalité seraient donc les plus aptes à la remettre en cause. Mais ce n'est pas toujours le cas. Ces mécontents remettent en question l'injustice de la réalité et son inégalité, mais dans l'ensemble, leur résistance s'inscrit dans le cadre du paradigme de la réalité acceptée. Il faut un petit "supplément" pour que l'un individu se mette à la recherche d'une vision, ou d'un point de vue transcendant qui échappe à la construction dominante. Il aura besoin de déclencheurs extérieurs au programme de réalité. Ce que nous "voyons" et expérimentons dans cette réalité agit comme un miroir. Or un miroir peut à la fois refléter et dévier. Il peut refléter des aspects qui nous amènent à remettre en question ce que nous voyons ; il peut nous donner un meilleur angle pour remarquer ce qui nous manque, ou ce qui pourrait bien être la source originale des réflexions. En même temps, le miroir nous détourne de l'image originale, et nous éblouit à l'aide de contrefaçons et de distractions scintillantes. Ce monde du miroir est le monde du rêveur, il est rempli de paysages fragmentés, de hautes bizarreries et de perceptions déformées.

Le dilemme du rêveur

Ce qui est en haut est comme ce qui est en bas. Le rêveur est aussi un reflet microcosmique de la Source macrocosmique. L'être intérieur du rêveur est le reflet de la Grande Réalité. Le rêveur est, lui aussi, un éclat, un fragment de la Vraie Réalité, autre manifestation de l'effet de miroir. Dick se réfère à cette relation micro-macrocosme de la façon suivante :

1. En surface, l'univers est constitué d'une fausse réalité projetée, sous laquelle se trouve un authentique substrat divin. Il est difficile de pénétrer dans ce substrat.
2. En surface, l'esprit humain est constitué d'un ego limité à court terme qui naît et meurt sans comprendre grand-chose, mais derrière cet ego humain se trouve l'infinité divine de l'esprit absolu. Il est difficile de pénétrer dans ce substrat. [6]

Pour pénétrer dans le royaume de la Source, c'est à l'individu que revient le premier pas. Il doit faire l'effort initial de "s'ouvrir" à l'influence de la Grande Réalité. Sinon, toute intervention venue d'au-delà de la construction tombera dans l'oreille d'un sourd, ou sur un sol infertile. L'Inversion est un rêve de séparation et d'aliénation, d'absence de contact direct avec la Source de notre être, avec l'Origine. Telle est la nature du monde des miroirs contrefaits. Il est semblable à la lumière plongeant dans la densité plus sombre de l'eau ; il est réfracté à l'entrée et le rayon de lumière apparaît dévié selon un angle. Nous percevons cette dislocation, cette fracture de la lumière, sans nous rendre compte qu'il s'agit d'une réflexion directe de l'origine (le Soleil). De même, nous ne répondons pas aux rayons de lumière qui pénètrent dans la densité obscure de notre royaume : l'Origine ne reçoit pas de réponse. Le rêveur reste sourd à l'appel.

Être dans cette construction de la réalité que nous appelons la vie nous impose cette leçon difficile. Elle représente à la fois une séparation - un éclatement - et un désir. Dans le moment présent, nous aspirons également au retour. La division est réelle et pourtant elle ne l'est pas. On peut dire qu'il s'agit vraiment d'une illusion. C'est le dilemme du rêveur, le paradoxe du programme. Dans le cadre de sa cosmologie gnostique, Dick a émis l'hypothèse que l'Urgrund (la Source) tentait d'atteindre son objectif en se reflétant sur elle-même, en utilisant l'individu (dans ce cas, Dick lui-même) comme point de réflexion. Nous pouvons nous considérer comme des points localisés de l'être qui reflètent la Source en direction de la Source, et c'est en développant cette communication mutuelle qu'une fusion s'opère. L'humanité peut devenir un reflet fidèle et authentique de la Source, plutôt que le reflet déformé du rêveur contrefait.

C'est en raison des caractéristiques innées de réflexion de la construction de la réalité que nous avons dans notre domaine la notion de polarité et de polarisation. Puisque cette réalité contrefaite n'est qu'un reflet, une projection, elle n'est pas entière ou complète en elle-même. Cette séparation de l'Origine est la raison même pour laquelle ce royaume est défini et/ou expérimenté par la polarité, il n'est pas unifié. Puisqu'il est séparé de la Source originelle, il est, de par sa nature même, fracturé à l'intérieur. On reconnait ces éclats à travers les relations de polarité, qui sont elles-mêmes des reflets de la division et des fragments du tout. L'inversion est animée par le dynamisme d'aspects opposés ou de contraires apparents. Ces "opposés" sont eux-mêmes des reflets les uns des autres, tout comme l'existence du rêveur est un reflet de la Source. Dans ce domaine de la polarité, nous nous sentons intuitivement comme des étrangers, nous ne sommes pas à notre place, nous sommes des étrangers en pays étranger. Mais si nous nous confrontons directement au monde, nous devenons antagonistes. Par analogie, c'est comme si nous errions comme des entités étrangères dans le corps d'un hôte. Une fois éveillés et conscients de ce fait, il nous faut continuer à nous déplacer à l'intérieur de l'hôte sous un déguisement, car si nous révélions notre véritable origine, les anticorps de l'hôte nous considéreraient immédiatement comme un danger et viendraient nous attaquer. C'est ainsi que la construction artificielle se protège elle-même. Pour l'instant, il nous faut faire de même. Si le rêveur se réveille, il sera avisé de marcher avec légèreté et prudence, à être "*dans* le monde, mais pas *du* monde".

Le méli-mélo et l'attachement au royaume du rêve ne feront que s'approfondir et s'enraciner davantage. Le brouillard épais se fera toujours plus dense, aidé par l'accélération des moyens technologiques visant à accroître l'emprise et le contrôle de l'artificiel. L'artificiel est l'antithèse du réel. C'est le joyau de la couronne de l'Inversion. La normalisation de cet éloignement, qui est la cause de bien des souffrances, est la victoire ultime du Démiurge, selon Dick : "La victime est complice de sa souffrance, de plus, elle se fait complice d'une volonté d'accepter le caractère naturel de la souffrance en général. Chercher un but à la souffrance, c'est comme chercher un but à une fausse pièce de monnaie".[7] Si nous cherchons trop longtemps parmi les choses irréelles, nous finirons par accepter les contrefaçons comme la fin de notre recherche. Voilà qui évoque la blague bien connue de l'ivrogne qui cherche ses clés sous un réverbère. Un passant vient l'aider. Après un moment de recherche vaine, il demande à l'ivrogne s'il est sûr d'avoir laissé tomber ses clés à cet endroit. "Oh, non, répond l'ivrogne, je les ai laissées là-bas, dans le parc". Quand le passant lui demande pourquoi il les cherche ici, l'ivrogne répond que l'endroit est bien mieux éclairé. Ce conte ancien est aujourd'hui connu sous le nom *d'effet lampadaire*, qui désigne le biais d'observation qui pousse les gens à ne chercher que là où c'est facile. Or, dans l'esprit rêveur, l'endroit le plus facile où chercher se trouve parmi les artifices du mimétisme et les tromperies de la contrefaçon. C'est la séduction qui entretient la transe de l'inversion. C'est le marché qui, depuis trop longtemps, vend nos parties à nous-mêmes. Je laisserai les derniers mots de ce chapitre à feu Philip K. Dick, démêleur gnostique et fêtard : "Nous nous sommes empêtrés dans l'enchantement, une maison en pain d'épice qui nous a séduits jusqu'à l'esclavage et la ruine ".[8]

References

[1] Philip K. Dick, "Cosmogeny and Cosmology", in The Shifting Realities of Philip K. Dick : Selected Literary and Philosophical Writings, ed. Lawrence Sutin (New York : Vintage Books, 1995), 281.

[2] Dick, "Cosmogeny and Cosmology", p. 282.

[3] Dick, "Cosmogeny and Cosmology", p284

[4] Dick, "Cosmogeny and Cosmology", p286

[5] Dick, "Cosmogénie et cosmologie", p291

[6] Dick, "Cosmogénie et cosmologie", p293

[7] Dick, "Cosmogénie et cosmologie", p307

[8] Dick, "Cosmogénie et cosmologie", p310

Chapitre Quatre

La Folie Normalisée
(Le Monde à l'envers)

*"L'état d'aliénation, d'endormissement, d'inconscience,
De perte de sens, est la condition normale de l'homme.
La société accorde une grande importance
à l'homme normal."*

R. D. Laing, La politique de l'expérience

L'humanité est devenue une espèce quelque peu éclatée. Nous nous sommes détachés de notre intégrité et nous nous retrouvons aujourd'hui à tituber dans divers états de fracture. Nous nous sommes même éloignés de nos "dieux", qui nous ont apparemment abandonnés à notre sort depuis longtemps. Nombreux sont ceux qui se demandent où sont passés les dieux ? Moins nombreux sont ceux qui se demandent où nous nous en sommes allés ou quand nous avons commencé à nous abandonner nous-mêmes ? L'humanité semble s'être éloignée de son authenticité et de ses réelles possibilités, surtout à l'ère moderne. Voilà des siècles que nous nous "altérons". Depuis que l'espèce humaine s'est séparée de son sens sacré de la connexion transcendantale, nous vivons dans un esprit de masse inversé si éloigné de l'esprit étendu unifié. Nous avons tourné en rond dans une réalité inférieure de pseudo-événements qui distraient notre point de conscience localisé. Cela nous a menés, après tant de siècles, à une sorte de dissociation psychologique, ou de traumatisme, dans l'espèce humaine. Ce que nous voyons aujourd'hui dans le monde est une forme de cette psyché éclatée projetée à l'extérieur sur la toile fluctuante de notre sens inversé de la réalité. On a récemment étudié une partie de cette histoire sous l'angle de la psycho-histoire (voir le travail de Lloyd deMause). Cependant, les domaines spécialisés de la psychiatrie ont tendance à aborder la question comme un problème ou un trouble individuel. Or, on ne peut séparer l'esprit individuel du collectif. Il n'a jamais été séparé, on l'a seulement perçu comme tel. À titre d'exemple, on peut dire que les épisodes d'inspiration ou les accès de "génie" se produisent lorsque la conscience localisée forme en quelque sorte un pont de communication avec l'esprit élargi et établit un ensemble intégré, une fusion. Ce phénomène se reflète aussi dans notre structure cérébrale, sous la forme d'une intégration gauche-droite. Pour utiliser cette analogie, on peut dire que nos points de conscience localisés (dans le corps) sont traités par le côté gauche du cerveau, tandis que le côté droit du cerveau prend en charge un sentiment de plus grande connexion et d'intégration[1]. Nous avons besoin aujourd'hui d'intégrer ces deux parties pour établir une psyché intégrée.

Cette division de l'esprit humain (entre l'esprit élargi et l'esprit intégré gauche-droite) a contribué à la perception d'une inversion de la réalité, l'effet des mondes miroirs. De ce fait, dans nos esprits localisés, nous faisons l'expérience d'une moindre inversion de la réalité. Malheureusement, il semble que des forces et des groupes obscurs connaissent l'inversion et s'en servent pour nous maintenir endormis dans le "piège" d'une réalité inférieure. De plus, ces groupes manipulent et instrumentent cette réalité inversée dans leur intérêt pervers.

Ce programme soutient en partie l'arrivée d'un certain type d'avenir technocratique : un paysage technologisé qui va toujours plus inverser ou subvertir la position et le rôle de l'être humain (l'impulsion machinique). Dans un tel environnement, l'esprit humain risque d'être encore plus fragmenté, dissocié et déconnecté, du fait de son intermédiation avec la technologie. Le danger pour l'humanité est d'être ainsi coupée du flux de conscience unifiée qu'est la Grande Réalité. S'il en était ainsi, cela conduirait à un état prolongé et accéléré de fragmentation de l'espèce humaine. On verrait advenir alors la deuxième grande "chute du paradis" de l'humanité.

J'ai déjà évoqué la façon dont l'humanité serait en train de vivre un traumatisme collectif à l'échelle mondiale.[2] Dans cette étude, j'ai avancé la possibilité qu'une sorte d'infection ou de contagion mentale et/ou inconsciente ait produit une forme d'irrationalité – ou de « folie » – qui est devenue tellement normalisée que nous en reconnaissons à peine la présence. De plus, cette « normalité » s'est intégrée dans diverses formes de conditionnement social (à moins qu'elle ne le produise elle-même) afin de dissimuler son existence. Cette folie normalisée usurpe alors les véritables schémas de pensée, de sorte que tout le monde partage la psychose collective, si bien que la folie du monde apparaît comme une caractéristique normale de la civilisation. Je dirais que cet esprit corrompu est devenu le récit dominant de l'inversion qui influence le comportement social. Cette maladie de l'irrationalité est une contagion qui infecte les esprits individuels et collectifs ainsi que l'ensemble des systèmes sociaux humains. Les experts de l'Inversion ont largement documenté le fait que la santé mentale dans nos sociétés modernes décline depuis des décennies. On le sait à l'augmentation constante des problèmes de dépression et d'anxiété, des suicides et de l'absentéisme causé par la souffrance psychologique et le surmenage. Les gens et nos sociétés humaines vivent de nombreux traumatismes. Cela suggère que nous nous dirigeons peut-être vers un point de basculement où une réorganisation psychologique de la vie humaine devient impérative. Autrement dit, d'une manière ou d'une autre, la réalité se dirige vers un changement de direction ou de phase.

Au lieu de s'écouler de manière fluide, la vie dans l'Inversion est vécue comme une expérience de "frictions". Diverses traditions et enseignements nous disent que cette friction nous permet d'acquérir des "leçons de vie" et des expériences de développement. Là encore, on voit à l'œuvre la pensée inversée. En réalité, ce que nous vivons le plus souvent, c'est une série de mini-crises. Mais en situation de crise, il nous suffit d'un petit pas de trop pour la transformer en traumatisme. Lorsque le traumatisme n'est plus seulement localisé, mais étendu à un niveau plus large, alors il cesse d'être une expérience isolée et devient un processus continu. De plus, il suffit de quelques coups de pouce à intervalles variables pour maintenir et entretenir un processus d'expérience traumatique. Le danger est qu'une telle expérience peut se prolonger presque indéfiniment si on continue à appliquer ces coups de pouce. Dans des états prolongés de traumatisme induit, comme il en va souvent avec l'inversion, il devient très difficile pour l'individu de garder un équilibre stable, car il s'empêtre de plus en plus dans des expériences traumatiques partagées. Les programmes de l'inversion fournissent alors des récits et des structures de croyance qui créent un sentiment de solidarité sociale, mais ce sont de faux paradigmes. C'est ce que j'ai appelé la normalisation de l'illusion.[3] Grâce à ces stratégies, une grande partie de la fracture délibérée s'installe dans les sociétés humaines et se reflète dans l'état psychologique des gens. Ce morcellement entraîne également un rétrécissement de l'attention des gens sur un petit fragment de la situation, au détriment d'une perception de l'ensemble. Ce rétrécissement orchestré de la concentration décompose l'appréhension globale du réel en fractales, en des "bulles de réalité". Ces bulles de réalité facilitent la tâche des forces manipulatrices qui opèrent dans l'inversion pour établir et orienter les psychologies de masse.

L'esprit collectif est continuellement façonné par des histoires sociales dominantes qui normalisent nos modèles de comportement mental et émotionnel. Ces normes sont ensuite transférées dans des mythes culturels qui servent à transmettre et à renforcer ces systèmes de croyances de masse. Nous finissons par valider notre propre pensée corrompue par des affirmations inconscientes. Une fois plantée, cette graine de psychose cherche à se propager et à se renforcer afin de légitimer son existence logique. Tel un cancer mental, elle s'insinue dans nos voies neuronales, elle semble venir de l'intérieur plutôt que de l'extérieur, de sorte que nous ne remarquons pas sa présence toxique. Cependant, bien des gens gardent le sentiment tenace que quelque chose n'est pas "tout à fait juste". C'est comme si nous savions, au plus profond de nous-mêmes, que nous vivons un renversement. Mais comme tout le monde marche sur la tête, nous sommes bien obligés de le trouver normal. Nous nous adaptons à une fausse conscience qui adopte alors les événements extérieurs qu'elle considère comme "vrais" et "normaux". Selon le célèbre psychiatre R.D. Laing : "Ce que nous appelons *normal* est le produit de la répression, du déni, du clivage, de la projection, de l'introjection et d'autres formes d'action destructrice sur l'expérience. Tout cela est radicalement étranger à la structure de l'être"[4].

Cette perception corrompue de la réalité, cette fausse conscience, les gens l'intériorisent ensuite de sorte qu'ils s'adaptent à une forme de "nouvelle normalité"; quiconque s'exprime ou remet en question ce "paradigme de normalité" est considéré comme bizarre, excentrique ou, pire, comme un hérétique fou. Plus récemment, on en a fait des "théoriciens du complot", moyen efficace d'écarter les personnes dont les idées ou la pensée vont à l'encontre de la "norme". Les personnes qui semblent accepter et encourager ces normes sont rapidement intégrées et soutenues par les systèmes orthodoxes et dominants. La plupart de ceux qui soutiennent et propagent la maladie de l'irrationalité ne sont pas en soin psychiatrique mais à la tête de presque toutes nos institutions sociales, politiques et financières. C'est dans la rue, dans les magasins et partout dans la société qu'on trouvera l'essentiel des porteurs asymptomatiques et inconscients de cette contagion mentale. Les postes de pouvoir élevés représentent particulièrement cette irrationalité, souvent en toute connaissance de cause, car ils soutiennent et renforcent leur structure de pouvoir continue. Un esprit irrationnel corrompt, mais un esprit irrationnel en position de pouvoir corrompt totalement.

L'ESPRIT IRRATIONNEL

La présence de l'esprit irrationnel est comme une maladie de l'âme qui se manifeste par une perturbation de l'inconscient collectif. Comme tout autre virus ou agent pathogène, il cherche à se propager en infectant le plus possible de porteurs. Les personnes qui véhiculent l'esprit irrationnel (sciemment ou non) agissent comme des transmetteurs et des amplificateurs, ils renforcent sa fréquence dans la conscience collective. Une "possession" collective peut également être qualifiée d'épidémie psychique ou de perturbation du champ mental. De telles perturbations peuvent avoir des effets divers sur la santé mentale et le bien-être des personnes. Au fil du temps, cette mentalité décalée se stabilise sous forme de traumatisme qui se trouve ensuite projetée à l'extérieur, pour se refléter à nouveau par la suite. Et le cycle continue.

Les personnes qui en sont affectées le portent en elles comme un traumatisme "indéfinissable"; souvent, elles tombent dans l'alcoolisme, l'hédonisme, les toxicomanies et autres dépendances, pour faire face à un sentiment d'ennui, d'apathie ou tout simplement de lassitude à l'égard du monde, ou pour lui échapper. Une personne qui se sent traumatisée devient vulnérable à d'autres programmations mentales et à diverses influences et persuasions extérieures. Autrement dit, il s'agit d'une forme d'instabilité mentale collective partagée qui maintient l'inversion dans laquelle vivent la plupart d'entre nous. Cela peut aussi être très subtil. Nos sociétés modernes ont été construites furtivement sur des moyens d'exploiter cette vulnérabilité aux influences et persuasions extérieures. Résultat, nous sommes, sans le savoir, de plus en plus déconcertés et étrangers à notre vrai moi, aux autres et aux domaines de perception qui dépassent le monde matériel. Krishnamurti disait : "Ce n'est pas une preuve de bonne santé que d'être adapté à une société profondément malade".

Les traumatismes individuels sont sanctionnés et soutenus par des institutions au sein d'une culture qui fonde ses normes sociales sur ce genre d'irrationalité. L'irrationnel s'est implanté dans notre moindre réalité comme la "règle rationnelle standard". Il n'est donc pas surprenant que les gens soient si sensibles à cette corruption mentale lorsqu'il s'agit de nous, déguisés en moutons. Inévitablement, les personnes les plus vulnérables sont celles qu'on a conditionnées à l'autorité et à l'obéissance. Malheureusement, ce trait de caractère est implanté très tôt par l'école obligatoire. De même, les personnes qui sont facilement influencées par des opinions extérieures et qui sont enclines à penser en groupe sont parmi les premières à céder leur indépendance mentale à des sources extérieures. L'esprit irrationnel se nourrit de ces individus qui pensent en groupe, car l'esprit de masse de l'humanité contribue à la transmission et à la prolifération du traumatisme psychique. Je cite à nouveau le psychiatre R.D. Laing :

> "L'état d'aliénation, d'endormissement, d'inconscience, de perte d'esprit, est la condition de l'homme normal. La société accorde une grande importance à l'homme normal. Elle apprend aux enfants à se perdre jusqu'à l'absurdité, et donc à être normaux. Les hommes normaux ont tué peut-être 100 000 000 de leurs semblables au cours des cinquante dernières années[5]".

Si nous voulons avoir une vision plus large de la condition humaine, il est important de considérer les événements majeurs, les actions humaines, la propagande, les troubles sociaux, les luttes de pouvoir et le reste, du point de vue de l'irrationalité de l'Inversion. Les schémas de pensée de l'homme moderne ont été conditionnés autour de traits tels que l'avidité, la compétition, l'ambition, le matérialisme et l'égoïsme. Autant de traits qui dénotent un manque d'authenticité. L'esprit irrationnel cherche à développer chez l'individu des degrés toujours plus élevés d'inauthenticité et de manque d'empathie. La scène mondiale regorge de ce genre de personnalités.

Le danger de l'esprit irrationnel est que la résistance peut aussi contribuer à le propager. Autrement dit, les personnes qui commencent à résister à cet état d'esprit corrompu finissent souvent par adopter ses valeurs pour survivre. C'est une pensée du genre "si vous ne pouvez pas les vaincre, rejoignez-les". Il semble que l'humanité lutte collectivement pour se réveiller de son état de sommeil traumatique. Une poignée d'"individus éveillés" a souvent affirmé que l'humanité est collectivement endormie. Plus nous propagerons l'inversion de l'esprit fragmenté, plus les gens normaliseront leur comportement d'automates. Nous vivrons à l'intérieur d'une gamme plus étroite de stimuli conditionnés qui programment des opinions et des schémas de pensée spécifiques, validant ainsi le contrôle de l'irrationnel sur nous. Le mystique-philosophe George Gurdjieff a déclaré :

> "La culture contemporaine a besoin d'automates. Les gens perdent sans aucun doute les habitudes d'indépendance qu'ils ont acquises et se transforment en automates, en pièces de machines... L'homme se fait volontairement esclave. Plus besoin de chaînes. Il commence à aimer son esclavage, à en être fier. Voilà bien la chose la plus terrible qui puisse arriver à un homme"[6].

En adoptant la réalité inversée de l'esprit de masse, nous favorisons notre comportement d'automate. Nombre de nos systèmes sociaux en place semblent prêts à corroborer et à renforcer cette mentalité consensuelle. Notre véritable éveil à ce "traumatisme de l'inversion" ne peut provenir d'un mouvement de masse, mais seulement des personnes capables de penser et d'agir de manière indépendante.

Sous le charme des rêves irrationnels

À la fin de sa vie, le psychologue Carl Jung est devenu de plus en plus conscient des dangers de la psychose de masse et de la manipulation psychique des masses. Jung a observé que "la masse écrase la perspicacité et la réflexion encore possibles chez l'individu, ce qui conduit nécessairement à une tyrannie doctrinaire et autoritaire"[7]. Selon lui, ce sont les élites minoritaires qui représentent cette tyrannie. En ce qui concerne leur pathologie mentale :

> "Leurs idées chimériques, soutenues par un ressentiment fanatique, font appel à l'irrationalité collective et y trouvent un terrain fertile ; elles expriment tous les motifs et ressentiments qui se cachent chez les gens plus normaux sous le manteau de la raison et de la perspicacité. Elles sont donc, malgré leur petit nombre par rapport à l'ensemble de la population, dangereuses en tant que sources d'infection précisément parce que l'homme dit normal ne possède qu'un degré limité de connaissance de soi[8]".

Ce "degré limité de connaissance de soi" dont parle Jung fait référence à la nature de l'inversion qui consiste à maintenir les gens endormis quant à leur véritable potentiel et piégés dans l'esprit de rêve consensuel. Les attributs "normaux" dans la folie du monde inversé sont considérés comme reflétant la santé mentale, car ils sont acceptés, et régulièrement mis à jour et redéfinis, par les récits de consensus dominants. Dans le cadre de ce consensus, tous ceux qui y adhèrent passent pour sains d'esprit, tandis que ceux qui le remettent en question ou tentent d'en sortir sont considérés comme "difficiles", "alternatifs" ou "hérétiques".

Le monde de l'acceptation est en même temps un monde de tromperie. Une acceptation sans réserve de l'esprit onirique et de ses mécanismes internes de conditionnement et de programmation sont eux-mêmes des actes de déni de la "justesse" de la réalité. Ceux qui acceptent ces conditions de l'esprit rêveur – la majorité – se trouvent ainsi dans un déni de soi, qu'ils le sachent ou non. L'Inversion est un monde où les habitants sont, dans l'ensemble, aliénés à la fois d'eux-mêmes et des autres. Comme le dit Laing : "Chacun de nous est un autre pour les autres"[9]. C'est cette aliénation qui, contrairement aux apparences, favorise l'esprit de masse plutôt qu'un véritable individualisme. Impossible qu'il en soit autrement puisque l'état de rêve consensuel exige un accord de masse pour sa propre validation. L'être humain, au lieu d'être encouragé à vivre ses rêves, est incité à vivre facilement dans les paramètres de la réalité rêvée elle-même. Le sous-texte est ici que les gens sont astucieusement persuadés de "vivre leurs rêves" tant qu'ils le font dans la bulle de l'Inversion. Il s'agit d'une forme de liberté diluée qui n'est la liberté que dans le périmètre autorisé de l'enceinte.

Nous sommes quotidiennement enfermés dans le pouvoir étouffant des masses qui, par leur présence, tentent indirectement de nous imposer l'insignifiance de l'individu. La tension et le malaise que ressentent certaines personnes sensibles sont dus à un conflit interne entre un lien inné avec le transpersonnel - avec l'au-delà - et les systèmes et la programmation qui les enferment dans le quotidien. Cette division est en partie responsable de la fragmentation croissante de la psyché moderne de l'humanité. Pour l'observateur attentif, il est évident que les citoyens des sociétés modernes souffrent de divers états de dissociation mentale, qui à leur tour alimentent un champ mental collectif de consciences divisées. Selon moi, il s'agit là du terreau idéal pour que l'esprit rêveur continue à rêver. Presque tout le monde joue sur le même terrain sans en connaître le coût. Comme Jung l'a si bien dit : "L'état de rêve infantile de l'homme de masse est si irréaliste qu'il ne pense jamais à demander qui paie pour ce paradis"[10]. C'est cet "état de rêve de l'homme de masse" qui est en partie responsable de l'élimination de la voie de l'individu. Le besoin intérieur d'individualisation est une affirmation de l'expression localisée de la conscience. Pourtant, l'esprit rêveur ne se préoccupe pas de ces expressions localisées de la conscience éveillée et ne souhaite pas les autoriser. L'esprit rêveur collectif ne veut que des esprits endormis qu'il peut soumettre davantage à l'état de rêve consensuel. La folie du monde à l'envers est soigneusement orchestrée pour éradiquer l'individu authentique. L'inversion devient alors le terreau idéal pour établir des psychologies de masse inversées.

LA MISE EN PLACE DE LA PSYCHOLOGIE DE MASSE

Selon la psychiatrie, quatre conditions permettent généralement à la psychologie de masse de s'établir facilement. Il s'agit de l'absence de liens sociaux, de l'impression que la vie n'a pas de sens, de l'anxiété, de la frustration et de l'agressivité latentes. Dans de nombreuses sociétés humaines modernes, ces conditions s'accumulent depuis très longtemps. Les personnes qui se retrouvent dans une psychologie de masse ont tendance à la protéger et à la maintenir, consciemment ou inconsciemment. C'est pourquoi elles ont tendance à rejeter toute information contraire lorsqu'elle leur est présentée, ou même à rejeter la possibilité que de telles informations leur soient présentées. Cela équivaut à un état d'hypnose légère induite qui est passé d'une identification externe à un état auto-entretenu. En d'autres termes, les personnes s'engagent dans le processus d'une autohypnose induite, ce qui valide encore davantage la nature de l'inversion. Les personnes les plus susceptibles d'accepter le glissement vers une psychologie de masse étaient déjà en proie à un mécontentement psychologique. Par conséquent, la vie dans la réalité inversée tend à maintenir la friction des crises et des traumatismes légers et durables afin de continuer à induire des états hypnotiques.

Les personnes sensibles à la psychologie de masse sont moins susceptibles de réagir ou d'être sensibles aux arguments et aux débats rationnels. C'est parce qu'elles ne se sont pas alignées sur le récit principal par le raisonnement, mais plutôt par une forme d'"intoxication mentale" ou d'irrationalité qui a déclenché un transfert du lien social vers la solidarité de masse nouvellement établie. Ces déclencheurs sont généralement plus efficaces lorsqu'ils sont présentés sous forme d'états émotionnels, souvent fondés sur la peur, l'insécurité et la mortalité. Il est difficile de briser ou d'arrêter de telles formations psychologiques collectives une fois qu'elles ont été établies. Une fois que le schéma psychologique et l'identification émotionnelle ont été construits, il est difficile de les déconstruire - une solidarité collective importante s'est établie qui marque l'esprit de la masse. Un autre facteur qui renforce la psychologie de masse est que les récits dominants imposés qui soutiennent l'inversion semblent parler d'une seule voix collective. Ils sont plus clairs dans ce qu'ils représentent et semblent provenir d'un lieu d'accord unifié. Ces récits font généralement partie d'une programmation bien pensée qui se déploie à travers les constructions de la réalité locale, nationale et mondiale.

Les gens pris dans la programmation de masse de l'Inversion croient exprimer leurs opinions alors qu'en fait, un habile tour de passe-passe leur a fourni un ensemble

« d'opinions en paquets préformés" qu'ils présentent comme étant les leurs. Ces gens n'expriment donc pas des opinions personnelles issues d'un questionnement critique individuel, mais plutôt des "pensées en paquets conditionnés", fournis par les techniques de programmation intégrées dans l'établissement de la masse collective psychologique. L'hypnose de masse invoquée tout au long de l'Inversion s'accompagne de divers ensembles d'opinions préparés à l'avance pour une dispersion massive. Comme le dirait Philip K. Dick, l'Artefact a intelligemment créé sa programmation à plusieurs niveaux pour maintenir sa construction artificielle que nous appelons la réalité. Cependant, chaque programme comporte un potentiel de déprogrammation.

LA DÉPROGRAMMATION DE L'INDIVIDU

L'individu astucieux et conscient est l'exception dans l'esprit de masse de l'Inversion. Les personnes les moins sensibles à l'hypnose de la psychologie de masse sont généralement en désaccord avec le programme idéologique dominant, elles sont plus conscientes des processus de conditionnement social et de l'utilisation de la propagande dominante. Mais la plupart des gens restent inconscients des circonstances de leur programmation et conservent une forte croyance dans les ensembles de réalité contrôlée qu'on leur a fourni. C'est qu'il s'agit d'un programme très sophistiqué. Les jeunes adultes sont déjà adaptés à la folie du monde inversé qui constitue notre expérience de la réalité. Cela signifie que, dès notre jeunesse, nous sommes totalement immergés dans la tromperie. Cet entraînement à la tromperie, nous l'appelons socialisation : "Les êtres humains semblent avoir une capacité presque illimitée à se tromper eux-mêmes, ils s'illusionnent en prenant leur vie pour la vérité. C'est par cette mystification que nous réalisons et maintenons notre ajustement, notre adaptation, notre socialisation"[11]. L'impératif de socialisation a largement consisté à organiser un système d'ingénierie sociale et de contrôle capable de former, de maintenir et de gérer les masses. Ce système fut appelé "behaviorisme", sous l'impulsion du psychologue américain B.F. Skinner. Skinner était célèbre (tristement) pour avoir affirmé que les cultures humaines devaient être intentionnellement conçues pour contrôler le comportement humain, il y voyait une nécessité pour permettre à l'espèce humaine de se développer. Skinner déclara donc qu'il était essentiel d'abolir la voie de l'individualisme : "Ce qui est aboli, c'est l'homme autonome - l'homme intérieur, l'homunclus, le démon possesseur, l'homme défendu par les littératures de la liberté et de la dignité. Son abolition se fait attendre depuis longtemps"[12]. Selon Skinner, l'abolition de l'individu véritable était un acte d'adaptation nécessaire parce que l'individu n'agit pas sur le monde, c'est le monde qui agit sur lui. Ce raisonnement a constitué une étape importante pour la propagation ultérieure de l'impulsion machinique, comme je l'expliquerai plus loin.

Dans l'esprit des rêveurs, les individus s'épanouissent mieux en tant qu'organismes collectifs, et l'individualisme constitue une menace pour le statu quo de l'Inversion. Ceci est emblématique de la volonté de créer un esprit de ruche, comme nous le verrons dans les chapitres suivants. Skinner, et le behaviorisme en général, estiment qu'il faut réinterpréter et redéfinir le libre arbitre, la liberté et la conscience à la lumière des comportements conditionnés. L'augmentation spectaculaire de l'attention portée à la gestion des perceptions humaines et au conditionnement opérant du comportement humain est une volonté délibérée d'établir des sociétés "psycho-civilisées" dans le cadre de la réalité consensuelle actuelle. Les sociétés et les cultures psycho-civilisées sont fondées sur la gestion et le contrôle des schémas de pensée, c'est-à-dire de certaines expressions de la conscience humaine. La vie moderne dans l'esprit rêveur - l'inversion - consiste à générer des récits spécifiques à un programme et orientés vers un objectif, qui orientent les sociétés et leurs habitants dans les directions souhaitées. En cela, l'individu moderne est aliéné au fondement instinctif de sa vie intérieure. Il se sent déraciné et sans "ancrage". Il en résulte une perte de la connaissance lucide de soi-même. Cette séparation provoque un conflit entre les aspects conscients et subconscients, un clivage qui peut devenir pathologique, selon Jung. Cette fracture réduit aussi le sentiment d'autorité intérieure et d'authenticité de la personne. Elle érode le sentiment de liberté personnelle, réduit la cohérence et la capacité perceptive, et laisse la personne dans une situation psychologique désavantageuse. L'avenir, selon Jung, ne sera "décidé ni par la menace des animaux sauvages, ni par les catastrophes naturelles, ni par le danger d'épidémies mondiales, mais simplement et uniquement par les changements psychiques de l'homme"[13].

La société "psycho-civilisée" moderne ne s'intéresse guère à la promotion des interrelations conscientes entre les individus. Au contraire, elle s'efforce d'isoler psychiquement l'individu en fonction de ses véritables capacités et de l'assimiler collectivement en fonction d'une mentalité de masse soigneusement gérée et contrôlée. En effet, c'est la capacité de la conscience, telle qu'elle s'exerce et s'exprime à travers l'individu, qui peut briser les liens perceptifs de l'Inversion. En d'autres termes, en s'accordant correctement avec la conscience, une personne peut s'éveiller du piège de l'esprit rêveur et percevoir la Grande Réalité au-delà. Le "Grand Sommeil" de l'esprit rêveur est mis en œuvre par le fait que chaque personne devient conditionnée, et qu'elle contrôle ensuite les autres à son insu par les effets réciproques des relations sociales "normalisées". Autrement dit, les gens se contrôlent mutuellement sans le savoir à travers une "police de la pensée" par le biais de processus psychologiques tels que la pression des pairs, la pensée de groupe et autres modes similaires de conformité sociale. L'esprit de rêve inversé continue à se rêver lui-même grâce à l'assentiment volontaire de ses rêveurs.

Bien sûr, la coercition externe s'impose aussi, on l'applique constamment, car les rêveurs qui s'agitent volontiers dans leurs rêves s'éveillent partiellement. On maintient donc les somnifères, on les administre assidûment. Comme nous le verrons, l'empiètement à venir de la "machine irréelle" de la technologie aura une grande influence sur le maintien de l'inversion. Un autre projet dans ce domaine est l'application de la fragmentation sociale, du conditionnement et du traumatisme par le biais de mécanismes de contrôle spirituel et de spectres non identifiés.

References

[1] Voir Le maître et son émissaire : The Divided Brain and the Making of the Western World (Le cerveau divisé et la construction du monde occidental) par Iain McGilchrist

[2] Voir Healing the Wounded Mind : The Psychosis of the Modern World and the Search for the Self (Clairview Books, 2019)

[3] Voir mon livre Hijacking Reality : the Reprogramming & Reorganization of Human Life (Détournement de la réalité : la reprogrammation et la réorganisation de la vie humaine).

[4] R.D. Laing, The Politics of Experience & The Bird of Paradise (Londres : Penguin Books, 1990), 23-4.

[5] R.D. Laing, The Politics of Experience & The Bird of Paradise (Londres : Penguin Books, 1990), 24

[6] P.D. Ouspensky, À la recherche du miraculeux : Fragments d'un enseignement inconnu (Londres : Routledge & Kegan Paul, 1950), 316

[7] C.G. Jung, The Undiscovered Self (with Symbols and The Interpretation of Dreams) (Princeton, NJ, Princeton University Press, 2010), 3

[8] C.G. Jung, The Undiscovered Self (with Symbols and The Interpretation of Dreams) (Princeton, NJ, Princeton University Press, 2010), 4

[9] R.D. Laing, The Politics of Experience & The Bird of Paradise (Londres : Penguin Books, 1990), 26

[10] C.G. Jung, Le moi non découvert (avec Symboles et L'interprétation des rêves) (Princeton, NJ, Princeton University Press, 2010), 33

[11] R.D. Laing, The Politics of Experience & The Bird of Paradise (Londres : Penguin Books, 1990), 61.

[12] Cité dans Shoshana Zuboff, The Age of Surveillance Capitalism : The Fight for a Human Future at the New Frontier of Power (Londres, Profile Books, 2019), 439.

[13] C.G. Jung, Le moi non découvert (avec Symboles et L'interprétation des rêves) (Princeton, NJ, Princeton University Press, 2010), 47.

Chapitre Cinq

Spectres Non Identifiés (Les Mécanismes de Contrôle Spirituel comme Traumatisme)

"Lorsqu'une psyché brisée cherche des symboles de plénitude en dehors d'elle-même, peut-être ne trouve-t-elle inévitablement que les fragments d'un miroir brisé".

Jasun Horsley, Prisonnier de l'Infini : OVNIs, Ingénierie Sociale et Psychologie de la Fragmentation

"Il y a assez longtemps que l'Abysse nous observe. Il est temps pour nous, après nous être le plus possible ancrés spirituellement et informés sur le plan métaphysique, de regarder en arrière et de parvenir ainsi à une compréhension plus profonde de ce qu'on nous fait exactement, et peut-être même de qui le fait".

Charles Upton, The Alien Disclosure Deception: The Metaphysics of Social Engineering

La conscience humaine a toujours été la cible principale des mécanismes de conditionnement. On peut l'affecter à la fois par le matériel et par le logiciel. Le matériel, c'est le cerveau humain lui-même, avec sa capacité de traitement ; le logiciel, ce sont les informations, les messages contenus dans le flux de conscience (idées, croyances, etc.). Pour utiliser une analogie avec le matériel, c'est comme un virus qui cherche à attaquer et/ou à influencer indûment le disque dur de l'ordinateur. Quand le disque dur est affecté, tous les logiciels qu'il traite sont partiellement ou totalement corrompus. De même, si les informations entrantes (logiciels) sont déjà corrompues, alors ce qui en sort le sera encore davantage. Comme dit l'adage : *garbage in, garbage out* (GIGO) : introduisez des ordures, il en sortira des ordures. Dans le domaine de l'inversion – ou de la réalité diminuée – où nous vivons aujourd'hui, on assiste à une révolte contre la réalité, je l'ai souligné à plusieurs reprises. Jusqu'à présent, l'humanité n'existe pas comme une totalité, mais plutôt au milieu des morceaux d'une histoire fragmentée. On réorganise constamment ces fragments pour raconter une histoire qui change selon le temps et le lieu (le récit dominant); parfois ils disparaissent de l'espace qui leur est alloué et un vide apparaît. C'est alors que nous percevons "à travers le voile". Les processus et les expressions de la conscience humaine ont presque toujours fait l'objet et le lieu d'une gestion et d'un conditionnement délibérés.

Dans le passé, cette tradition s'est maintenue à travers des récits mythiques, des légendes, des édits à caractère religieux, des rituels et des hiérarchies sociales de pouvoir et leurs décrets. Dans le collectif social des masses, les pensées, les croyances et les opinions "prêt-à-porter" ont toujours été limitées par la réglementation. Très longtemps, l'information est venue de sources localisées, elle était de ce fait fortement régie par ces mêmes sources. Jusqu'à très récemment, l'information se répandait lentement et se transmettait par transmission linéaire. Dans l'ensemble, hormis certains groupes de connaissances et certaines sociétés initiatiques, l'état général de la connaissance sociale était extrêmement limité et d'un niveau relativement bas. Les gens accédaient aux états de conscience sans le savoir et de façon dispersée, c'est-à-dire à un niveau superficiel. Aujourd'hui, ces niveaux superficiels existent toujours, même s'ils sont moins répandus qu'autrefois. Ce qu'il faut souligner ici, c'est qu'à mesure que l'expression sociale générale de la conscience s'élève, les systèmes de contrôle deviennent également plus complexes et plus sophistiqués. Non seulement ces mécanismes de conditionnement fonctionnent par le biais d'institutions socioculturelles connues – comme l'éducation, la loi et l'ordre, les médias et bien d'autres (tout cela est bien documenté) – mais ils opèrent aussi de manière plus furtive, par exemple à travers les phénomènes paranormaux, comme l'explore ce chapitre. Comme l'a déclaré l'enquêteur paranormal Jacques Vallée : « Je propose l'hypothèse qu'il existe un système de contrôle de la conscience humaine… La vie humaine est régie par l'imagination et le mythe. Ceux-ci obéissent à des lois strictes et sont eux aussi régis par des systèmes de contrôle… Que pourraient contrôler les phénomènes paranormaux ? Je suggère que c'est la croyance humaine qui est contrôlée et conditionnée.[1] "

Ce que je suggère ici, c'est qu'on a fait des expérimentations avec le terrain de jeu flexible du système de croyances humaines. Longtemps, on a testé les limites des gens pour leur faire accepter des idées jusqu'alors inimaginables. Diverses mythologies nouvelles se forment et s'implantent dans la conscience humaine de masse. Le plus souvent, en réponse, l'individu intègre des données analogues dans des paramètres de pensée préexistants qui forment alors des "boîtes de réalité" pour tenter d'éviter l'invasion de l'irrationnel ou de l'inconnu. Quand l'irrationnel et/ou l'inconnu empiètent sur la réalité consensuelle d'un individu, celui-ci est forcé de "se refermer" ou de changer au niveau personnel pour se réadapter ; quelle est la solution la plus simple ? Notre gamme générale de perceptions possède diverses tactiques et diverses influences pour contrôler les croyances, les idées et les idéaux humains (qui forment ensuite nos idéologies). Ces facteurs de modulation acquièrent alors une influence déterminante sur la relation entre la conscience humaine et la réalité physique. Ce genre de mécanisme a été en vigueur tout au long d'une grande partie de l'histoire humaine et a fonctionné pour manipuler les esprits humains à l'aide de sources inconnues qui nous sont largement extérieures. Il s'agit de tentatives délibérées visant à diminuer notre sens de la réalité et, de ce fait, à rendre les gens plus influençables et plus ouverts à la programmation, ainsi qu'à créer un engourdissement psychique qui restreint le champ de perception humaine. Plus récemment, une telle programmation a été appliquée à ce que l'on appelle des phénomènes et des expériences paranormaux, métaphysiques et spirituels.

INGÉNIERIE SOCIO-SPIRITUELLE

L'ingénierie socio-spirituelle peut être considérée comme une sorte de "création culturelle" qui a prévalu dans bien des événements culturels et mouvements emblématiques. Certaines de ces stratégies ont été élaborées et mises en œuvre par des instituts de haut niveau qui se sont établis comme des entreprises sociales crédibles (par exemple, au Royaume-Uni, l'Institut Tavistock). Les structures qui soutiennent la réalité physique (y compris les structures de croyance) sont diamétralement opposées à tout phénomène susceptible de justifier une réalité spirituelle ou métaphysique. Afin de détourner l'attention consciente de l'intérêt ou de l'alignement sur les aspects du domaine métaphysique, des stratégies ont été mises en place au sein de la réalité "inversée" inférieure, de manière à créer une fragmentation. Autrement dit, non seulement on met en opposition la tangibilité du domaine physique et l'intangibilité du domaine métaphysique, mais on fragmente leurs potentiels. Il est notoire que des phénomènes et des événements sont orchestrés pour briser l'intégralité ou la crédibilité de chaque domaine. Le "spectre non identifié" joue ici parfaitement son rôle. Les phénomènes mystérieux ou soi-disant inexpliqués constituent un défi direct à la réalité consensuelle conditionnée de nos sociétés. Comme le dit l'écrivain Jasun Horsley : "La réalité elle-même est le résultat du consensus, et le consensus n'est qu'une sorte de conspiration inconsciente.[2]" La conspiration s'est répandue, elle devient le plus grand club auquel presque tout le monde appartient. Les gens rejoignent le gang, acceptent les règles (le récit principal) et se conforment à l'idéologie convenue (perspectives/perceptions dominantes). La réalité consensuelle est, comme le dit justement Horsley, la société secrète par excellence et la plupart des gens ne sont même pas conscients de son existence ou du fait qu'ils ont été intronisés en tant que membres. Une réalité consensuelle stable établit également un esprit collectif stable ; or les esprits stables sont plus difficiles à remodeler dans de nouvelles boîtes de réalité si une alternative se présente. Un vieil adage prétend que pour introduire une nouvelle idée dans un groupe, une communauté, il faut d'abord attendre que les esprits plus anciens (ou les personnes à l'esprit plus ancien) s'éteignent. Certains ajustements auraient pu être introduits entre les générations, mais il s'agissait de projets à long terme. Pour avoir un état d'esprit collectif dans la réalité inférieure, plus sensible à la programmation rapide et aux fluctuations psychologiques, il est préférable de maintenir une série d'"anomalies" dans le système, elles serviront à créer des épisodes de fragmentation et de dissociation. C'est là que les spectres surgissent de derrière le voile.

La mystification est depuis longtemps une arme de guerre psychologique très efficace. De tels éléments ont également joué un rôle dans la création de mythes en tant que forme d'ingénierie sociale. Les mythes sociaux et la mystification peuvent servir de canaux pour diriger et influencer la psyché humaine et les énergies psychiques. Les événements manipulés et/ou contrôlés ont le pouvoir d'affecter et d'influencer l'esprit conscient et inconscient. On peut s'en servir pour créer une séparation entre ce que l'on nous dit de croire par notre conditionnement et ce que nous pouvons expérimenter dans le domaine métaphysique. Cette divergence peut servir à créer une faille dans la psyché humaine et à fragmenter nos boîtes de réalité. Cela peut entraîner de plus grandes crises d'irrationalité et semer les graines d'un déséquilibre psychologique. Les phénomènes paranormaux peuvent servir à créer une ambiguïté qui produit ensuite un état de "conclusion différée". En effet, comme l'esprit rationnel conditionné ne peut pas créer de conclusion (c'est-à-dire qu'il n'y a pas de solution ultime), cela crée une dissonance. Cette dissonance est encore renforcée par la diffusion et la circulation de nombreuses réponses alternatives qui, tout en promettant satisfaction, finissent par embrouiller l'esprit humain en l'empêchant de trouver une vision cohérente de la réalité. Il en résulte un état d'"épuisement" susceptible de persuader une personne d'accepter l'explication suivante qui offre un certain soulagement. Il s'agit d'une procédure de programmation et de manipulation mentale de plus en plus courante dans la réalité inversée. La programmation et le conditionnement de l'esprit général opèrent par le biais d'institutions établies telles que l'éducation, la politique, les médias, etc, tandis que les phénomènes psycho-spirituels permettent d'implanter le conditionnement plus profondément et plus directement, car ils contournent une grande partie de l'esprit conscient. De cette manière, on peut utiliser des méthodes de morcellement psychologique et de traumatisme, j'y reviendrai. Le fait qu'une telle implantation puisse se produire à notre insu, en toute inconscience, montre à quel point nous en savons peu sur le monde psychique de l'être humain.

Au cours du siècle dernier, et surtout depuis le milieu du vingtième siècle, les croyances des gens à propos de l'invisible et de l'inconnu ont considérablement changé. Ces changements se sont produits en dehors des structures sociales reconnues et établies, ce qui leur donne leur puissance. On peut se poser la question : quelle pourrait être la cible de contrôle des phénomènes psycho-spirituels (c'est-à-dire paranormaux) ? La réponse la plus probable est celle des systèmes de croyances humaines. La superposition externe du consensus de la réalité dominante fonctionne au niveau métalogique, et cherche à programmer l'esprit conscient de l'individu ainsi que du collectif. Pourtant, l'esprit subconscient (collectif) est davantage influencé au niveau métaphysique, Carl Jung le savait bien. Dans cet espace, on a reprogrammé et/ou changé nombre de nos structures mythologiques. Dans cet espace, on a vu l'arrivée d'une variété de phénomènes et d'expériences psychiques. La conscience collective humaine a connu des épisodes de *cosmisme* et de traumatisme presque en parallèle. Ce qui est en jeu, dans cette lutte pour le subconscient, c'est le concept même de notre humanité. Ce ne sont pas seulement nos notions de liberté humaine qui sont en danger, mais la compréhension et l'expérience de notre Être.

En ces temps modernes, l'humanité traverse une forme de crise existentielle qu'on peut définir comme une crise psychique. En même temps, la solution se trouve là où elle a toujours été : en nous-mêmes. Les contours de la réalité inférieure se déplacent, tout comme l'expression du subconscient humain telle qu'elle se manifeste dans les événements mondiaux. Comme Jung l'a noté plus tard dans sa vie : "Les générations à venir devront tenir compte de cette transformation capitale si l'humanité ne veut pas se détruire elle-même par la puissance de sa propre technologie et de sa propre science". [3] La toile de fond métaphysique du monde informe la scène métalogique. L'expérience de vie dans la réalité inférieure – l'inversion – est basée sur le rituel. Cela devient évident quand nous comprenons que le rituel est la conception intentionnelle et les correspondances de symboles, de mots et d'actions coordonnées. Il s'agit d'une action cérémonielle accomplie selon un ordre prescrit. Et que voyons-nous dans le monde quotidien qui nous entoure ? Nous voyons des routines organisées, des cérémonies, des événements sacrificiels (des guerres), du symbolisme, de la publicité, des slogans etc. L'humanité, dans l'ensemble, est immergée dans un milieu rituel. Les rituels sont des pratiques manipulées en vue d'un résultat prescrit. De plus en plus, les spectres et les fantômes de notre environnement rituel se manifestent ; ils sont plus que de simples apparitions d'ectoplasme. L'esprit rêveur, dans lequel l'humanité est empêtrée, a longtemps été coopté pour la manipulation de la conscience et le contrôle de la perception. On utilise le rituel pour les aspects les plus sombres de la magie, l'art du subterfuge et de la tromperie. L'esprit rêveur n'est pas un faux esprit, car il répond à ceux qui savent le mieux comment s'y engager et y participer. Tout dépend de qui a le dessus. Il s'agit moins d'une fausse réalité que d'une réalité alternative. Comme le dit l'Évangile gnostique de Thomas : "Quiconque est parvenu à comprendre le monde n'a trouvé qu'un cadavre, et quiconque a trouvé un cadavre est supérieur au monde". Ici, nous pouvons lire que *cadavre* peut aussi faire référence à l'enveloppe extérieure, la *peau morte*. Quand nous parvenons à une perception plus profonde de la nature de notre monde (la réalité inférieure), nous voyons la couche extérieure, la peau morte, qui forme les rituels de ce monde. Ceux qui sont capables de le percevoir sont « supérieurs au monde » dans cette connaissance. Cependant, c'est ce degré même de connaissance qui se trouve constamment endormi par les berceuses coercitives du royaume du « rêve » inversé.

L'ingénierie socio-spirituelle cible l'esprit collectif, et donc l'esprit individuel, en manipulant et en influençant les perceptions de la façon dont les gens voient leur monde. Ces forces d'influence opèrent à la fois à l'extérieur et à l'intérieur, car leur moyen d'action est la transmission d'informations que bien des gens reçoivent par le biais de schémas de pensée. Il devient de plus en plus difficile de faire la distinction entre l'imaginaire, la tromperie, la quasi-réalité et la moindre réalité, car les tunnels de réalité des gens sont continuellement manipulés. À l'insu de la plupart des gens, on assiste à une fragmentation et à un éclatement de la psyché humaine. Pendant ce temps, d'autres éléments de l'esprit rêveur progressent à notre insu, tout comme le magicien se sert du lapin blanc pour détourner notre attention de l'endroit où se joue la supercherie. Il en résulte que ce qu'on perçoit comme "une réalité globale", ce qui devient notre domaine d'existence, est en fait un environnement contrôlé qui est tout sauf global. Il est plutôt fragmenté et recomposé à partir de récits, d'histoires et de programmes de conditionnement. Ainsi, l'inversion est un environnement fortement manipulé où le "piratage psychique", par le biais d'événements rituels et culturels, exerce une incertitude métaphysique et un déséquilibre chez de nombreux individus qui ne se doutent de rien.

Certains observateurs critiques considèrent que le phénomène OVNI de ces soixante-dix dernières années joue aussi un rôle dans les manipulations de la programmation mentale mondiale. Comme l'écrit Jasun Horsley : " ... en créant des souvenirs quasi fictifs d'enlèvements par des extraterrestres (avec la coopération d'Hollywood, d'émissions de télévision, de chercheurs et d'auteurs d'OVNI, d'expérimentateurs qui partagent publiquement leurs expériences, etc.), ces distorsions individuelles de la réalité ont pu entrer dans l'expérience collective[4]..." Selon Horsley, les phénomènes paranormaux permettent à la partie la plus transcendante de la psyché humaine d'intervenir et de nous "sauver" de la réalité terrestre en nous "enlevant" dans son domaine. Or ce royaume est bien réel, bien qu'il soit dissocié. Ainsi, certaines rencontres et expériences paranormales et/ou psycho-spirituelles - qu'elles soient "réelles" ou non - peuvent servir d'initiation à une sorte de traumatisme social. Il s'agit d'un traumatisme qui agit à un niveau subtil, qui s'intègre dans la psyché socioculturelle d'une manière qui fragmente l'intégralité de la psyché collective sans la pousser au-delà des limites de la fonctionnalité sociale. Ainsi, les rencontres avec des OVNI et les expériences d'enlèvement par des extraterrestres "peuvent être un moyen pour certains d'entre nous de permettre à un tel matériel traumatique d'entrer dans notre conscience sous une forme plus "magique" (transcendantale)"[5]. Les voix d'autorité, telles que les gouvernements nationaux, se sont fortement impliquées pour manipuler la présentation au public des phénomènes psychiques, en particulier à propos des OVNI. Ils ont officiellement nié leur existence tout en diffusant secrètement des informations qui confirment leur existence. Cette "technique de contradiction subliminale" s'est considérablement accrue ces dernières années, car de nombreuses sources de haut niveau, y compris le Pentagone, ont révélé des activités liées aux ovnis (la divulgation publique de sources gouvernementales a augmenté soudainement en 2021). En outre, dans ce qui peut être considéré comme une autre forme de programmation cognitive, les autorités américaines ont commencé à qualifier le phénomène OVNI de "Phénomène Aérien Non identifié" (PAN). Ces dénis incessants, suivies d'épisodes de divulgation et de reconnaissance officielles ou "officiellement divulguées", créent une contradiction subconsciente qui contribue à créer une forme extrême de dissonance cognitive dans l'esprit du public. Cette incohérence permanente entre deux croyances ne crée pas de solution, elle renforce plutôt l'incertitude et la dissonance grâce à ces habiles contradictions subliminales. Quand la perception individuelle et collective accepte sans résistance une contradiction subliminale, la faculté critique se désactive, l'esprit devient vulnérable et réceptif aux suggestions. Si, à un moment donné de cette saga, une révélation officielle prétend donner la "version officielle" des événements OVNI, alors le grand public est davantage susceptible d'accepter, peut-être même avec soulagement et gratitude, qu'on ait enfin trouvé une réponse. Cependant, ce soulagement est le résultat d'une "réponse de résolution" dans le cadre de la programmation mentale. Ici, on mélange sournoisement le phénomène OVNI avec des aspects psychiques, paranormaux et métaphysiques afin de coloniser et de reprogrammer le domaine "spirituel". Ce sont-là des manœuvres astucieuses au sein de l'Inversion, car bien des gens (surtout dans la modernité occidentale) confondent aisément l'expérience psychique avec l'accomplissement spirituel. La tendance à s'adonner volontairement à certaines expériences psychiques ou paranormales contribue à renforcer la fausse programmation au lieu de renforcer le moi intérieur.

La condition humaine éprouve un grand besoin, un grand désir, d'accéder aux royaumes non visibles ; d'accéder à des états transcendantaux dont la plupart les rapprochent d'un sentiment d'Origine ou de Source. Ce désir sera force ou faiblesse si la personne n'est pas capable de faire preuve de discernement. La croyance et l'imagination se changent facilement en idéologie, en opinion et en fantaisie. Le couloir entre les réalités est, dans un sens authentique, fondé sur les croyances qui programment nos esprits. Ce sont les croyances humaines qui permettent aux interventions et aux spectres non identifiés de s'introduire dans notre royaume. Une question se pose : l'humanité est-elle conçue et programmée pour permettre ces interventions ? Chaque émergence, chaque intervention a besoin qu'on y croie si elle souhaite demeurer plus d'un bref instant. C'est à travers une reconnaissance, puis des systèmes de croyance, que les potentialités deviennent des réalités ; même si cette reconnaissance n'est que virtuelle, comme une incrédulité incertaine. Plus le sentiment d'incrédulité est grand, plus l'insécurité et le doute sont importants, plus il est facile d'appliquer sur l'esprit des gens des programmes extérieurs. Ces dernières années, parallèlement à l'activité paranormale et psycho-spirituelle, on a vu l'insécurité augmenter de façon spectaculaire. La recette est parfaite pour diviser la psyché collective et exercer des programmes subtils de traumatismes conscients et inconscients.

Une réalité traumatisante

Au quotidien, le monde connaît son lot de dépressions, de problèmes d'anxiété et de suicides. Un malaise couve depuis longtemps dans les courants sous-jacents de l'expérience de la vie. De temps à autre, les sociétés modernes attendent une réorganisation psychologique du système social, une sorte de recalibrage des contours fluctuants de l'esprit rêveur collectif. Dans ces contours, les crises et les traumatismes ne sont pas des événements isolés mais des courants dans le processus continu qui empêche le domaine social de s'installer confortablement. Que nous en soyons conscients ou non, le traumatisme a toujours été intégré à la "norme" de la société humaine : procédures médicales d'accouchement, actes de violence aléatoires, folie institutionnalisée, stratégies de peur autoritaires, endoctrinement de la population, programmation religieuse et sectaire, éducation conditionnée, et bien d'autres choses encore (nous l'avons vu au chapitre précédent). Tous ces éléments se combinent pour créer des variations d'une conscience divisée. Carl Jung a qualifié cet état de dissociation, il agit comme une force polarisante contre l'intégration psychique. Le philosophe Charles Upton estime que la modernité a conduit les gens à un "culte nihiliste de la fragmentation et du chaos" qui se fait passer pour de la diversité culturelle.[6] La psyché humaine est déjà fragile, elle est vulnérable à d'autres déclencheurs de dissociation. Suggérons que ces déclencheurs sont apparus à travers des expériences paranormales, où la "question extra-terrestre" et le phénomène OVNI figurent en tête de liste. Surtout que ces derniers mois, dès 2020, les médias grand public ont accordé une place de plus en plus importante aux informations relatives aux OVNI. Le grand public n'a que faire de ce sujet, il l'évite, et pourtant, les principaux organes d'information (en particulier aux États-Unis) ont diffusé des rapports sur des observations vérifiées et "crédibles". Jusque-là, on évitait soigneusement ce sujet. Certains pensent que cette augmentation soudaine du nombre de reportages (orchestrée par les agences de renseignement) fait partie d'une opération de propagande dont le but est de préparer l'esprit collectif à un nouveau récit sur le paranormal. Autrement dit, on est en train de construire un autre tunnel de réalité en vue d'une diffusion massive. Les extraterrestres ont longtemps été rangé dans la cohorte historique de phénomènes tels que les fées, les nains, les esprits de la nature, les djinns, les démons, etc. Le psychanalyste jungien Donald Kalsched note que le mot "daimonique" vient de *daiomai*, qui signifie diviser et qui désignait à l'origine des moments de conscience divisée. Kalsched a étudié le traumatisme en relation avec les manifestations mytho-poétiques et le développement psycho-spirituel. Les déclencheurs du domaine mytho-spirituel, qui comprend les expériences paranormales, peuvent provoquer une fragmentation de la conscience, en particulier chez les individus les moins enracinés. L'événement extérieur fusionne alors avec l'état psychologique intérieur de la personne. Comme le note Kalsched, "l'effet pathologique complet d'un traumatisme nécessite un événement extérieur et un facteur psychologique. Un traumatisme extérieur ne suffit pas à *diviser la psyché*[7]. Jung a qualifié ces états de "psychoses dissidentes" où l'un des complexes dissidents, après le traumatisme initial, se fait le gardien protecteur de la partie régressée. Cela peut empêcher toute intégration psychique ultérieure, car la psyché ne peut pleinement intégrer ou traiter l'expérience. La personne tente alors de reconstituer ou de retrouver l'expérience traumatisante afin de tourner la page. Cela peut expliquer certains comportements obsessionnels des gens qui ont vécu des expériences paranormales après l'événement, quand on les voit rechercher inlassablement à répéter ces expériences.

Ce comportement s'applique aussi à ce que l'on appelle les phénomènes spirituels. Le monde moderne est inondé de toutes sortes de "retraites spirituelles". Le marché des "chemins spirituels" fait salle comble. Le danger est que certains de ces chemins ne mènent pas à un état psychologique intégré, mais à des états dissociés, à une sorte d'évasion. Ainsi que le note Jasun Horsley :

> "Les états de béatitude semblent conduire à une incarnation plus complète alors qu'ils sont en réalité le résultat de l'utilisation par l'esprit de fantasmes spirituels (dissociation) pour libérer des substances chimiques anesthésiantes dans le corps qui empêchent l'intégration (tout comme l'héroïne ou la morphine servent à produire des sensations physiques agréables) ... Il s'agit là d'un danger très clair des *réveils spirituels* qui résultent d'un traumatisme[8]".

Il peut apparaître différents niveaux *d'éveil* dans l'esprit rêveur, ainsi que le montre brillamment le film Inception (2010) de Christopher Nolan. Dans ce scénario cinématographique, on implante des idées dans le subconscient d'une personne à différents niveaux de l'état de rêve. À chaque niveau de son rêve, la personne se "croit" éveillée et ne perçoit pas les manipulations ni la programmation. Il lui faudra déclencher sa conscience pour se libérer de la programmation subconsciente. Il s'agit là d'une excellente analogie avec ce qui se passe dans les différents états du rêve éveillé de l'Inversion. Le rêve éveillé est particulièrement trompeur, car nos esprits sont convaincus que nous sommes éveillés, que nous ne rêvons pas et que nous ne sommes donc pas susceptibles d'être programmés. Cependant, le subconscient humain est constamment programmé, le succès de la propagande et de la publicité le démontre.

La programmation psycho-spirituelle à l'aide d'événements métaphysiques a pour but de contourner presque immédiatement l'esprit conscient et de s'attacher aux parties subconscientes. Autrement dit, la programmation contourne les gardiens habituels de notre esprit. Une fois ces mécanismes en place, on peut les activer chaque fois qu'il est nécessaire de déclencher une partie de la psyché collective. Le phénomène OVNI s'est progressivement installé dans notre culture au cours des sept ou huit dernières décennies au moins. Parallèlement, on semait les graines du traumatisme dans diverses expériences de contact avec des extraterrestres. Charles Upton considère la question extraterrestre comme une forme de programmation visant à imiter les réalités spirituelles sur le plan psychophysique et à préparer ainsi la voie à quelque chose d'encore plus traumatisant. D'autres commentateurs, comme le très respecté psychiatre de Harvard John E. Mack, ont remarqué que les personnes ayant vécu une expérience extraterrestre semblaient subir un déclenchement psychique qui activait leur sens du développement évolutif. La bulle cosmique à l'intérieur de la réalité inférieure (l'Inversion) a commencé à se déchirer, et à travers ces déchirures apparaissent les spectres non identifiés dont le but est incertain. Le mystique-philosophe français René Guenon a écrit plusieurs livres pour nous avertir que l'augmentation du matérialisme et des apparats physiques va conduire à une "solidification du monde", entraînant l'ouverture de "fissures" par où pénètreront des forces "infrapsychiques".[9] Ces forces, parmi d'autres, ont toutes un impact sur la psychosphère humaine et reconnectent notre programmation interne.

Il est fort probable qu'un recâblage physique du cerveau soit en cours. Comme le dit Whitley Streiber, contacté par des OVNIs, "si vous voulez que les gens utilisent davantage leur cerveau droit, le stress serait un moyen de le faire. Si vous appliquez un traumatisme de la bonne manière, vous réorganisez en fait le cerveau"[10] Les spectres et les fantômes de l'Inversion représentent à la fois une expansion de la conscience et un moyen de programmer un traumatisme cérébral. Jasun Horsley se demande si la scission de la psyché humaine ne serait pas un moyen d'autoriser ou de laisser passer certaines "forces hostiles" qui pourraient faire partie de la psyché de l'ombre. Ces ombres pourraient alors être matérialisées, ou du moins vécues, par la psyché comme des phénomènes matériels. Horsley poursuit : "Les opérations secrètes des services de renseignement qui simulent des enlèvements par des extraterrestres - tout comme les dramatisations hollywoodiennes le font à un niveau plus ouvert et à plus grande échelle – sont peut-être le moyen de façonner et de diriger le récit afin de contrôler la manière dont nous faisons l'expérience de ces forces psychiques fragmentaires[11]. Laisser passer ces spectres non identifiés pourrait n'être que l'un des programmes de la réalité inférieure visant à diviser la psyché humaine collective et à l'éloigner de l'intégration psychique et de la plénitude. Ce programme est lié au "piratage de la réalité" ou à un détournement de la réalité, comme je l'ai exploré dans un livre précédent.[12]

Il est intéressant de noter qu'une grande partie des phénomènes métaphysiques est considérée comme faisant partie du "nouveau paradigme" et d'autres éléments similaires, comme si ces éléments faisaient partie d'une nouvelle conscience de la réalité. Pourtant, la notion même de paradigme - et donc le concept de "nouveau paradigme" - est une émergence alternative à l'intérieur des structures existantes. En tant que tels, les phénomènes et expériences métaphysiques peuvent servir à tromper si on s'en sert simplement pour réarranger les meubles préexistants de notre esprit plutôt que de sortir de ces boîtes de réalité programmées. Le rêve au cœur du rêve éveillé comporte de nombreux niveaux, et rien n'est ce qu'il parait. Abandonner une partie du rêve – dans l'Inversion – peut n'être qu'un glissement d'un aspect de la matrice du rêve vers un autre. Cette tromperie amène les gens à croire qu'il s'agit d'une "nouvelle réalité" alors qu'il ne s'agit que d'une autre couche " de l'oignon de la matrice " aux multiples facettes. Autre aspect à prendre en compte : les expériences métaphysiques tendent à éloigner l'expérimentateur de sa présence corporelle. Tandis que les fils métaphysiques et paranormaux s'intègrent de plus en plus dans le récit courant, nous pourrions bien assister au déploiement d'un nouveau tunnel de réalité qui requiert le rejet inconscient du corps. Le programme de contrôle de l'Inversion a-t-il l'intention d'évoluer vers un rejet du corps physique dans le cadre de la narration croissante de l'homme-machine ? L'humanité a-t-elle un avenir corporel dans ce domaine ? Voilà quelques questions que nous explorerons dans les chapitres suivants.

References

[1] Jacques Vallee, Le Collège Invisible : Ce qu'un groupe de scientifiques a découvert sur l'influence des OVNI sur la race humaine (Charlottesville : Anomalist Books, 2015), 199

[2] Jasun Horsley, (alias Aeolus Kephas), The Lucid View: Investigations into Occultism, Ufology, and Paranoid Awareness (Illinois, Adventures Unlimited, 2004), 59

[3] C. G. Jung, Le Soi non découvert (avec symboles et interprétation des rêves) (Princeton, NJ, Princeton University Press, 2010), 60

[4] Jasun Horsley, Prisonnier de l'infini : UFOs, Social Engineering, and the Psychology of Fragmentation (Londres, Aeon Books, 2018), 224.

[5] Jasun Horsley, Prisonnier de l'infini : UFOs, Social Engineering, and the Psychology of Fragmentation (Londres, Aeon Books, 2018), 135.

[6] Charles Upton, The Alien Disclosure Deception : The Metaphysics of Social Engineering (Sophia Perennis, 2021).

[7] Donald Kalsched, Le monde intérieur du traumatisme : Archetypal Defences of the Personal Spirit (Londres : Routledge, 1996), 14

[8] Jasun Horsley, Prisoner of Infinity : UFOs, Social Engineering, and the Psychology of Fragmentation (Londres, Aeon Books, 2018), 34

[9] Voir La crise du monde moderne et Le règne de la quantité et les signes des temps de Guenon

[10] Cité dans Jasun Horsley, Prisonnier de l'infini : UFOs, Social Engineering, and the Psychology of Fragmentation (Londres, Aeon Books, 2018), 104.

[11] Jasun Horsley, Prisonnier de l'infini : UFOs, Social Engineering, and the Psychology of Fragmentation (Londres, Aeon Books, 2018), 223

[12] Voir Hijacking Reality : the reprogramming & reorganization of human life (2021)

Chapitre Six

J'habite Dans Ton Corps (La Structure Physique en Tant Qu'hôte)

> *"La lumière du soleil, lorsqu'il la répand, dépend de l'organe qui la contemple.*
>
> William Blake

Le corps redevient un lieu d'expérimentation et une cible pour une sorte de quasi-transcendance. Dans l'Inversion, on a toujours considéré le corps physique comme le véhicule grâce auquel nous faisons l'expérience de la vie. Autrement dit, il est notre avatar dans ce royaume. A ce titre, il a toujours été un objet de contestation. Pour certains cercles religieux, le corps est perçu comme une distraction matérielle d'origine divine ; de ce fait, on estime qu'il faut réprimer et subjuguer son influence, fût-ce au prix de certaines privations physiques, voire d'automutilation. Certaines approches religieuses et spirituelles ont vu le corps physique comme un obstacle, une barrière à la dimension sacrée. À l'opposé, on fait parfois du corps le véhicule idéal pour faire l'expérience de la sensualité et de la volupté ; il est alors le réceptacle de l'indulgence et de l'expérience décadente. Mais on n'a pas vu de consensus quant à la façon de considérer ce véhicule qu'est le corps physique humain. Dans mon précédent livre - *Hijacking Reality* - j'ai évoqué la façon dont les récits récents tentent de faire du corps humain un lieu de faiblesse. Autrement dit, le corps est ouvert et vulnérable à la maladie et à l'infection ; il succombe au vieillissement et à l'épuisement ; il ne permet pas à l'être humain de vivre toute la gamme des expériences possibles. Dans cette optique, les récits transhumanistes voudraient gagner du terrain, ils offrent une alternative à la "faiblesse du corps". Ainsi que je l'ai déjà expliqué, ils tentent ainsi d'enfoncer davantage l'expérience humaine dans le matérialisme et dans un programme technocratique d'hybridation numérique au sein de nos sociétés.

L'Inversion s'enlise de plus en plus dans les profondeurs du matérialisme. Ce récit de quasi-transcendance s'englue dans le mythe du salut technologique. Les lignes ne sont pas tracées, elles sont brouillées. L'écrivain américain Philip K. Dick, connu pour remettre en question la nature et la validité de la réalité dans ses livres de science-fiction, a évoqué l'effacement des frontières entre le corps et l'environnement dans son discours de 1972 intitulé "*The Android and the Human*" (L'androïde et l'humain).

> "Notre environnement, je veux dire notre monde artificiel de machines, de constructions artificielles, d'ordinateurs, de systèmes électroniques, de composants homéostatiques interconnectés, tout cela possède en fait de plus en plus ce que les psychologues les plus sérieux craignent que le primitif ne voie dans son environnement : de l'animation. Dans un sens très réel, notre environnement devient vivant, ou presque, et d'une manière spécifiquement et fondamentalement analogue à nous-mêmes"[1].

Cet environnement quasi-vivant, dont parle Dick, est au stade d'animation où les relations entre le corps humain et l'inversion s'estompent pour fusionner. Les sciences quantiques ont démontré que le monde sujet-objet du "nous" et du "ça" est une illusion. Toute matérialité est en fait empêtrée dans une matrice d'énergie quantique ; nos corps communiquent somatiquement en permanence avec cette construction énergétique. Une bonne partie des pratiques spirituelles et mystiques occidentales est considérée comme une expérience vécue sur le plan somatique. Le corps est l'instrument qui reçoit et fonde l'expérience, qu'il s'agisse du "grand flash", de la "clarté fulgurante" ou de la "montée corporelle". Le corps est l'instrument humain qui reçoit, transforme et parfois transfère les énergies. Les traditions spirituelles et mystiques observent de nombreux "corps", notamment le corps éthérique, le corps astral, le corps extatique, le corps subtil, le corps supérieur et d'autres encore ; on estime que le corps physique, matériel, est le plus dense d'entre eux. Il constitue aussi une "cible facile", puisqu'il réside entièrement dans le monde matériel et qu'il est ouvert à l'ingénierie et à l'influence sociales.

Comme l'a fait remarquer l'historien de la culture Morris Berman, le corps a toujours été au centre de l'attention dans l'histoire. Il a contribué à définir les expériences de type soi/autre et extérieur/intérieur. On l'a toujours considéré comme le réceptacle matériel de l'impulsion spirituelle.[2] C'est sans doute pour cette raison que de nombreuses sociétés dans le monde ont, à un moment ou à un autre, tenté de supprimer le pouvoir et l'expression du corps humain. Il se pourrait que les agences de contrôle de l'Inversion considèrent que le corps humain équilibré et en bon état de fonctionnement est un portail qui permet d'infiltrer et de naviguer sur les longueurs d'ondes perceptives de la réalité. De nombreuses traditions mystiques mettent l'accent sur la purification du corps humain, sur le fait qu'il faut le débarrasser des toxines et des influences corruptrices. Le vaisseau physique était censé recevoir ainsi les "illuminations" ou la "miséricorde" de l'impulsion sacrée et divine. Le corps agit comme une antenne pour les inspirations/énergies nourricières de l'âme. Existe-t-il un meilleur moyen de bloquer ces illuminations que de corrompre la pureté du corps par une pollution de l'environnement à la fois sociale, psychologique et biologique ? C'est ainsi que le corps a toujours été un lieu de convergence du pouvoir et du contrôle. Cette relation corps-pouvoir est un thème majeur de l'œuvre du philosophe français Michel Foucault.[3] Dans son histoire critique de la modernité, Foucault déconstruit la manière dont le corps a été le champ de bataille du pouvoir. On considère aussi le corps physique comme un lieu de résistance contre les pouvoirs en place. Un lieu fixe où l'individu peut être situé, ancré et tenu pour responsable. Maintenant que l'info-sphère numérique suit continuellement nos mouvements physiques, les chances sont minces d'échapper à l'œil de la surveillance autoritaire. Faute de pouvoir nous échapper de notre corps, nous pourrions bien demeurer à jamais à l'intérieur du système.

On a toujours considéré le corps humain comme une unité au sein de la matrice sociale. On a élargi cette définition pour définir les corps en termes d'institutions sociales : on parle du corps politique, du corps social, du corps scientifique, du corps médical, du corps d'une organisation, etc. Le corps, lieu autrefois sacré, réceptacle des expériences spirituelles somatiques, a été adopté, ou coopté, dans une construction sociale de corps qui relèvent du contrôle et de l'allégeance à des autorités extérieures. En termes gnostiques, le site de pouvoir du corps est celui des "dormeurs" et des "éveillés". Les dormeurs sont ceux dont le moi intérieur n'a pas encore franchi les couches du conditionnement social du corps. L'expérience spirituelle somatique a été considérée comme une menace pour les sociétés hiérarchiques parce qu'elle échappe aux limites de leur pouvoir. C'est l'une des raisons pour lesquelles les religions orthodoxes et les institutions traditionnelles ont supprimé les expériences extatiques, qu'elles soient spirituelles ou autres, elles les ont interdites et discréditées. Les expériences extatiques susceptibles de briser les schémas de pensée et les structures de conditionnement de l'Inversion sont alarmantes pour les institutions de pouvoir sociopolitique. Comment contrôler, réguler et discipliner un corps, une énergie ou une expérience dépourvue de localisation physique ? De telles forces intangibles, comme le pouvoir de la baraka, sont positivement contagieuses et dépassent les limites.[4] Comme le note Berman :

> "L'objectif de l'Église (de toutes les Églises) est d'obtenir le monopole de cette expérience vibratoire, de la canaliser dans son système de symboles, alors qu'en vérité, la réponse somatique n'est pas la propriété exclusive d'un chef religieux particulier ni d'un ensemble de symboles".[5]

Ces derniers temps, on a de plus en plus mis l'accent sur ce qu'on appelle la conscience innée du corps, qui a été révélée par des techniques telles que le test musculaire. Elle est innée parce qu'elle nait du corps et dans le corps et relève de l'instinct. La *conscience somatique* est donc une façon de désigner notre intelligence intuitive. C'est une intelligence qui communique à travers le corps, et c'est elle qui menace ceux qui cherchent à contrôler l'esprit rêveur de l'humanité. Cependant, la matrice de la réalité n'est pas un domaine bien délimité.

Nous vivons dans un environnement anthropologique où la nature et la culture sont difficilement séparables. Le domaine physique est une fusion du réel et de l'imaginaire, où le sujet et l'objet sont flous. Aujourd'hui, cette hybridité se trouve renforcée et fusionnée par le génie génétique, les implants, la réalité augmentée et les sciences de la nanotechnologie, de la biotechnologie et de la technologie de l'information (y compris l'intelligence artificielle). L'inversion tente d'obtenir notre consentement en offrant une forme de transcendance qui va au-delà du corps et des sens corporels.

LE REGARD GALACTIQUE

L'esprit rêveur a toujours été attiré et fasciné par les étoiles lointaines. Il n'existe sans doute aucun humain qui n'ait contemplé le firmament nocturne en s'interrogeant sur le cosmos qui l'entoure. Certaines personnes, en levant les yeux, se sont peut-être demandé si elles ne vivaient pas dans une sorte de bulle. Le monde du rêveur a souvent été dépeint comme une bulle de réalité, notamment par les alchimistes de la Renaissance, comme dans cette gravure célèbre (figure 1) :

(figure 1)

La pierre philosophale se trouve en dehors du domaine de l'inversion ; elle ne peut être saisie que par quelqu'un qui est sorti de la bulle de réalité du rêveur (ou de sa prison perceptuelle). Pour la plupart des gens, la tapisserie d'étoiles en spirale du cosmos est la première étape de l'au-delà. Cela suffit à en faire la nouvelle destination des pionniers modernes de la petite réalité.

La rupture avec le corps commence dès le plus jeune âge à travers le conditionnement social. Tous les individus doivent plus ou moins renoncer à une partie du contact qu'ils ont avec l'intelligence innée du corps (y compris le corps du monde naturel) en étant incorporés dans le "corps social". Comme le corps social est de plus en plus imbriqué dans le paysage numérisé, cette aliénation du corps va continuer à s'accentuer. Comme nous l'avons évoqué dans le chapitre précédent, le labyrinthe pseudo-spirituel, ainsi que les expériences paranormales, contribuent aussi une sorte de "béatitude" et une dissociation accrue de la conscience du corps. L'histoire d'amour de la culture moderne avec la décadence, la montée de la sexualisation et de la toxicomanie, contribuent à une désensibilisation du corps, même quand le corps sert de support à l'expérience, comme dans le cas des expériences sexuelles. Comme nous l'avons indiqué, il s'agit d'un ciblage du "corps pur" qui corrompt son potentiel de décryptage des couches plus profondes de l'Inversion. Le corps-médium de l'expérience de vie est aussi considéré par les transhumanistes comme un obstacle à l'évolution vers une "société immortelle" destinée aux étoiles. Ce point de vue est davantage partagé par les occidentaux et les "élites" qui ont commencé à se nourrir d'une conscience mythique cosmico-religieuse moderne. C'est ce que Jasun Horsley appelle une "religion galactique", qui recherche la transcendance, l'ascension, en quittant la planète pour en coloniser d'autres. Il s'agit d'une religion de "riches geeks" basée sur des technologies en accélération et poussée par les grandes entreprises technologiques. Comme le note Horsley, au lieu d'"ascension, on assiste à l'inverse : "Il s'agit de la dissociation, la tentative de la psyché traumatisée de se séparer du corps et de flotter dans un pays imaginaire, hors de portée de la réalité et de toute la douleur qu'elle implique. Les corps gelés sur la glace, les âmes perdues dans l'espace, libres, affranchies des terribles travaux du corps"[6]. Dans de tels contextes, comme dans d'autres aussi, on vit le traumatisme à travers le corps physique. Le traumatisme peut être lié à une énergie dysfonctionnelle enfermée dans le corps, qui provoque malaise et maladie. Pour tenter d'échapper au corps de la planète, nous sommes contraints de "techno-transcender" les limites du corps humain biologique. Pour voyager dans les étoiles, nous dit-on, il nous faudrait télécharger notre conscience dans des dispositifs mécaniques et/ou des paysages éthérés. Pour tenter d'échapper aux limites d'une "planète prison" en voie d'épuisement, on nous demande de placer notre foi - et notre conscience - dans une nouvelle techno-prison. Mais qui en seront les nouveaux gardiens ? Il pourrait en résulter le traumatisme d'une nouvelle naissance - reproduisant les étapes de la naissance biologique, mais pour entrer dans un autre domaine de l'Inversion. Il semble qu'on ne puisse pas vraiment sortir de l'esprit rêveur en téléchargeant de la conscience, mais seulement en sautant dans un autre labyrinthe programmable, dont cette fois-ci, les programmeurs sont peut-être moins bienveillants.

Dans la psyché occidentale, il semble exister un clivage permanent entre l'exploration de "l'espace intérieur" et celle de "l'espace extérieur". Le techno-rêve de la colonisation de l'espace est la nouvelle tendance favorite, tandis que la recherche sur l'espace intérieur de la psyché est présentée comme un paysage dangereux et trompeur. L'espace extra-atmosphérique est le nouveau royaume non découvert qui offre un espoir contre le crépuscule du corps (y compris le corps de la terre). Pourtant, ces "pionniers galactiques" semblent moins motivés par une perception unifiée que par des forces issues de leur psychisme éclaté qu'ils n'ont pas réussi à intégrer. Ce sont les forces subconscientes qui s'accrochent à la survie, à n'importe quel prix, et qui marcheraient volontiers sur le corps des autres pour assurer leur propre survie. Quitter le corps planétaire n'est réservé qu'à quelques chanceux, tandis que les autres doivent rester au sol, ou l'esprit en orbite dans les nuages. L'astuce de l'Inversion est qu'il y a une infinité de portes à franchir, mais aucune issue pour se réveiller. En passant d'un monde de rêve à un autre, nous pouvons penser que nous sommes libres, mais nous restons emprisonnés dans le rêve. Pire encore, nous devenons, sans le savoir, nos propres gardiens de prison. Il y a une blague qui dit : si Dieu est si sage, pourquoi a-t-il fait les humains avec de la chair?

Aucune fusée ne saura créer la poussée nécessaire pour nous emmener là où nous devons vraiment aller, car s'éveiller de la gravité de l'inversion est un voyage dans l'espace intérieur. Il s'agit de coloniser un espace de silence : nous-mêmes. En nous efforçant d'atteindre l'effet d'ensemble orbital, nous passons à côté de l'essentiel, à savoir la "vue intérieure" que nous avons de nous-mêmes.

LE CORPS, UN HÔTE SACRÉ

L'Inversion ne sait que faire du corps physique humain. Est-il notre sauveur – notre hôte sacré ? Ou un danger pour notre progrès personnel et une menace pour l'agenda des autres ? Comme je l'ai déjà écrit, les récits d'un nouveau biopouvoir ont mis en évidence un établissement médico-politique dans de nombreuses sociétés du monde entier. La biologie du contrôle est désormais un acteur majeur dans le domaine actuel de l'expérience vécue. On assiste aujourd'hui à une ruée notable vers un contrôle politique et corporatif sur l'accès, l'utilisation et la souveraineté du corps humain. Dans un sens très réel, il s'agit de la dernière ligne de défense physique de l'individu. Chaque individu est une entité consciente (une essence spirituelle) qui opère dans ce royaume matériel à travers le véhicule du corps physique. En tant que tel, nous nous unissons à un partenaire biologique. Nous sommes un être fusionné : comme on dit, une union de chair et d'esprit. Bien que l'esprit – l'être essentiel – soit immortel, il doit se conformer aux limitations biologiques de l'hôte physique. En raison de ce fait crucial, les programmes de contrôle externe sont déterminés non seulement à prendre le pouvoir sur les aspects extérieurs du corps (ses libertés, son utilité, sa mobilité, etc.), mais aussi, via des interventions, à avoir le contrôle sur son fonctionnement interne (code ADN, intra-communication, etc.).

Le corps humain fonctionne à de nombreux niveaux et agit de plusieurs manières, notamment en tant que récepteur, filtre et transmetteur d'énergies et d'informations. Seuls les récits faux et manipulés présentent le corps humain comme un "risque biologique". En utilisant cette désignation, les agences externes d'autorité peuvent chercher à contenir et à contrôler davantage les mouvements du corps, ainsi qu'à obtenir un accès interne par le biais d'interventions chimiques et pharmaceutiques. De nombreuses personnes ont prévu ces possibilités, notamment le philosophe social (et possible programmeur prédictif) Aldous Huxley. Déjà dans les années

1950, Huxley envisageait que l'empiètement du scientisme augmenterait l'intervention dans le corps humain :

> "Pour l'heure, la pharmacologie, la biochimie et la neurologie sont en marche, et nous pouvons être certains que, dans les années à venir, on aura découvert de nouvelles méthodes chimiques, plus performantes, pour accroître la suggestibilité et diminuer la résistance psychologique. Comme toute chose, ces découvertes peuvent être utilisées à bon ou à mauvais escient. Elles peuvent aider le psychiatre dans sa lutte contre la maladie mentale ou le dictateur dans sa lutte contre la liberté[7]".

Et pourtant, ce point de vue repose toujours sur les sciences matérielles et physiques. Il ne représente pas une perspective plus profonde et spirituelle. Cette perspective devait être fournie par le philosophe autrichien et défenseur de la science spirituelle, Rudolf Steiner. Lors de conférences données entre septembre et octobre 1917, Steiner a eu la clairvoyance d'aborder les interventions potentielles futures et leur influence sur le corps humain. Il a déclaré : "En adoptant un *point de vue rationnel*, les gens vont inventer un vaccin pour influencer l'organisme le plus tôt possible, de préférence dès sa naissance, afin que ce corps humain n'ait même jamais l'idée qu'il existe une âme et un esprit[8]".

Cela montre clairement que le corps physique humain est une cible dans une tentative de freiner ou de bloquer la réception des forces spirituelles. Ce qui peut sembler être un "point de vue rationnel" donnera lieu à une série de récits socioculturels qui, selon Steiner, seront créés et propagés pour promouvoir un agenda d'interventions médicales accrues. Ces idées soutenues par la médecine visent "à trouver un vaccin qui éliminera toute inclination vers la spiritualité des âmes des gens lorsqu'ils sont encore très jeunes, et cela se fera de manière détournée à travers le corps vivant"[9]. L'humanité en est arrivée à ce moment, si nous observons les événements actuels et leurs conséquences. Nous sommes désormais à une époque du 21e siècle où nous assistons à la transmutation des êtres vivants et des corps. L'être humain a atteint un seuil qui lui était auparavant inconnu, et des forces poussent l'humain à le franchir. C'est un seuil qui va recoder les environnements et les corps. Ce seuil est le point où un processus de déterritorialisation génétique peut commencer, et à partir duquel nous pourrions être témoins de l'émergence d'un nouvel organisme différent de l'actuel. C'est un seuil de recombinaison et de recodification ; un nouvel assemblage qui représente une autre phase au sein de l'Inversion. À partir de ce moment, nous sommes biologiquement vulnérables à une impulsion machinique envahissante qui, par sa nature même, transformera les combinaisons corporelles en connexions machinique.

Nos corps atteignent un point d'épuisement. Les crises auxquelles nous sommes confrontés aujourd'hui sur l'ensemble du corps de la terre sont dues à l'effondrement du corps individuel, social et psychologique. L'esprit social est déjà traumatisé et le corps manifeste cette maladie, ce malaise. L'Inversion a fait en sorte que les dimensions biologiques et psychologiques fusionnent. L'onde d'un traumatisme corporel se fait sentir à travers la membrane planétaire, car les gens sont forcés de se détacher du monde physique qui les entoure d'une manière qui n'est pas naturelle. De nouvelles dispositions physiques de perturbation (confinement) et d'évitement social sont des pratiques qui s'installent dans nos sociétés. Ces ordonnances contre nature créent des dissonances cognitives et corporelles. Des bio-traumatismes sont apparus, ils affectent nos sensibilités. De nouvelles phobies corporelles se sont installées. C'est le nouveau seuil inversé ; c'est "un seuil marqué par un traumatisme de faible intensité, une dépression subaiguë et une sorte de brouillard dans l'attention émotionnelle"[10]. Le seuil de déterritorialisation a imposé un changement de la perception du corps. Nous percevons des altérations dans la conscience et la réceptivité du corps humain. On observe aussi une privation. Le corps est éloigné de son terrain organique naturel. Il est amené à se retirer de la présence physique et à s'éloigner du contact rassurant. Comme si le corps était reconfiguré pour s'éloigner du sensoriel pour entrer dans un nouvel environnement numériquement articulé. La vitalité est remplacée par la décomposition et la peur de la décomposition et de la détérioration.

Aujourd'hui, le tabou moderne n'est plus le sexe mais la mort. On ne meurt plus à la maison mais dans l'environnement aseptisé de l'hôpital. L'expérience de la fin de vie s'est détachée de la vie communautaire, si bien que l'émotion et la proximité ont cédé la place à la gestion médicale. Le corps mourant est devenu un objet de dégoût et d'embarras. La mort est devenue quelque chose de honteux, un processus interdit. La mort est un scandale moderne. La vie moderne a intériorisé le rejet de la mort et on nous a programmés à faire la grimace à l'idée de la détérioration corporelle. Un mort est un perdant. Mourir, c'est perdre, c'est échouer. Il n'y a pas de place pour l'échec dans les couches de plus en plus profondes du matérialisme machinique et de la compétition informatique. On peut remplacer la mort par l'immortalité à l'aide de la technologie dans le nouvel avenir post-humain. Ou bien on espère transcender le corps par le transhumanisme, afin que la mort cesse de hanter les couloirs de la chair. Telles sont les nouvelles imaginations dans le monde du désir machinique. L'humanité est sur le point de s'aventurer dans une Inversion de l'imagination codifiée et des désirs renversés. Le désir a pris le pas sur le plaisir. Il est devenu une forme de douleur-gratification cognitivo—corporelle. C'est la sphère sociale de l'inversion qui crée et entretient ce désir obsédant et cette torture de l'inaccessible. Dans le monde de l'inaccessible, il faudra approuver de plus grandes formes de contrôle extérieur, en compensation. Voilà pourquoi les forces actuelles ont commencé à établir de nouvelles voies de contrôle sur les processus vitaux. Tout cela, s'aligne sur la montée de l'impulsion machinique de façon intentionnelle et non par coïncidence. La question qui se pose maintenant - je l'aborderai en deuxième partie - est de savoir si l'impulsion machinique est évolutive ou dévolutive en ce qui concerne la vie humaine sur cette planète.

REFERENCES

[1] Philip K. Dick, "Cosmogeny and Cosmology", in The Shifting Realities of Philip K. Dick : Selected Literary and Philosophical Writings, ed. Lawrence Sutin (New York : Vintage Books, 1995), 183.

[2] Morris Berman, Coming to Our Senses : Body and Spirit in the Hidden History of the West (New York : HarperCollins, 1990)

[3] Voir en particulier Discipline et punition de Michel Foucault

[4] La baraka, un concept important dans la mystique islamique, se réfère à un flux de grâce et de pouvoir spirituel qui peut être transmis

[5] Morris Berman, Coming to Our Senses : Body and Spirit in the Hidden History of the West (New York : HarperCollins, 1990), 146.

[6] Jasun Horsley, Prisoner of Infinity : UFOs, Social Engineering, and the Psychology of Fragmentation (Londres, Aeon Books, 2018), 189.

[7] Aldous Huxley, Brave New World Revisited (Londres, Chatto & Windus, 1959), 107-8.

[8] Rudolf Steiner, La chute des esprits des ténèbres (Forest Row : Rudolf Steiner Press, 2008), 85.

[9] Rudolf Steiner, La chute des esprits des ténèbres (Forest Row : Rudolf Steiner Press, 2008), 199-200.

[10] Franco Berardi, Le troisième inconscient (Londres : Verso, 2021), 70

Deuxième Partie

L'impulsion Machinique

"À chaque étape, l'homme doit abandonner ce qui est sûr, ce qui est fiable et - pour le moment présent - ce qui est ultime. À chaque étape, il doit lutter contre la force d'inertie qui le nie. Il doit surmonter un obstacle mental, tout comme il a dû autrefois surmonter des obstacles biologiques. S'il réussit, il apprend davantage, il comprend mieux, il se rapproche de plus en plus de la participation. Il se peut qu'il doive maintenant affronter et accepter le mécanisme de sa propre évolution."

Ernest Scott,
Les gardiens invisibles

Chapitre Sept

La Machine Irréelle 1
La Lutte Pour L'authenticité Humaine

"Une course de fond s'engage entre la capacité technologique de l'humanité, qui ressemble à un étalon qui galope à travers champs, et la sagesse de l'humanité, qui ressemble davantage à un poulain aux pattes incertaines."

Nick Bostrom

On serait tenté de considérer que la première et la deuxième révolution industrielle constituent le berceau de l'impulsion machinique. Ce serait inexact. C'est que l'histoire de l'humanité et de la technologie remonte bien loin dans notre passé. La magie, la science, l'alchimie, par exemple, font aussi partie des technologies, car la technologie représente une sphère d'activité liée à l'homme qui interagit avec les substances et les forces du monde minéral extérieur et les transforme. Mais ce que j'appelle "l'impulsion machinique" n'est pas la technologie. Ce n'est ni une chose, ni une structure, ni même un processus : c'est un style spécifique de force, avec son identité vibratoire, qui vise à recalibrer, réviser et recoder la vie humaine à son image (état énergétique). Il s'agit d'une construction vibratoire qui peut aussi être gérée et dirigée vers des voies intentionnelles. Qu'est-ce qui prendrait le contrôle d'une telle impulsion énergétique ? Qui ? Nous pourrions obtenir quelques indices en nous aventurant plus loin dans nos voyages à travers l'Inversion. Commençons par observer certains signes émergeants au cours des soixante-dix dernières années.

Dans la seconde moitié du vingtième siècle sont apparues les premières vagues qui ont amorcé la convergence du corps, de l'esprit et de la pensée. La première vague comprenait les domaines de la recherche physiques (corporels) de la cybernétique, de la programmation informatique et des débuts de l'intelligence artificielle. Ces domaines se sont ensuite mêlés aux thèmes de l'âme et de l'esprit dans l'expérimentation psychédélique, les philosophies mystiques, les mouvements transcendantaux, les réveils magiques, le chamanisme et tant d'autres formes d'expérimentation transformationnelle. La liste des noms qui apparaissent au cours de ces années est très, très longue. Pour faire une brève incursion, on peut voir comment l'émergence de la terminologie informatique a donné lieu à des notions de programmation - et de métaprogrammation - du corps humain en tant que bio-ordinateur. Cette image a été renforcée par le livre du Dr John C. Lilly intitulé *Programmation et Meta-programmation dans le Bio-ordinateur Humain*, qui décrit certaines de ses expériences sur la conscience humaine et la communication entre l'homme et le dauphin. La métaprogrammation est aussi devenue un thème central des écrits de Timothy Leary et de Robert Anton Wilson, ils ont produit des ouvrages tels *qu'Exo-Psychologie : manuel pour utiliser le système nerveux humain selon les Instructions des producteurs* ainsi que *L'éveil de Prométhée*. Ces deux ouvrages traitent d'un modèle de conscience à huit circuits qui s'inscrit dans une trajectoire d'évolution neurologique. Les deux auteurs, Leary en particulier, ont pris sur eux de développer une philosophie affirmant que l'évolution future de la civilisation humaine est encodée dans notre ADN. Ils ont émis l'hypothèse que le système nerveux humain est déjà programmé pour une mutation évolutive.

Le début du vingtième siècle a vu apparaître les idées du mystique caucasien G. I. Gurdjieff. Il parlait de l'être humain comme d'un "homme-machine" endormi par la vie et qu'on pouvait réveiller. Leary, avec des accents gurdjieffiens, appellera l'humanité à "se réveiller, à muter et à s'élever"[1]. On a vu émerger des enseignements étranges et inhabituels, ils suggéraient que la prochaine étape pour l'humanité était la reprogrammation épigénétique active de son ADN à travers une fusion de pratiques transcendantales et/ou psychédéliques. Ce creuset occidental moderne a vu naître des motifs similaires tels que *The Human Biological Machine as a Transformational Apparatus* (La machine biologique humaine en tant qu'appareil de transformation) d'E. J. Gold. Au sein de l'Inversion est apparu un nouveau terrain de jeu dans la politique d'expérimentation impliquant les espaces intérieurs du corps biologique humain et son champ mental étendu. Ce terrain est devenu fertile pour l'émergence de la métaphore informatique de "programmation" et de "métaprogrammation", qu'on a détourné pour semer les graines de l'essor de la pulsion machinique.

L'émergence des robots modernes a véritablement commencé après le Dartmouth Summer Research Project on Artificial Intelligence (projet de recherche estival de Dartmouth sur l'intelligence artificielle), qui a annoncé le début du domaine de l'IA durant l'été 1956. Les campus universitaires et les départements de la défense ont alors intensifié leurs efforts dans la recherche, donnant naissance au concept controversé de téléchargement de la conscience. L'un des plus fervents défenseurs de cette notion d'"esprit dans la machine" était le chercheur en robotique Hans Moravec. Moravec, dont les livres comprennent *Mind Children* and *Robot*, a décrit un avenir où l'esprit humain peut être téléchargé en tant que précurseur d'une intelligence artificielle complète. De même, le chercheur en sciences cognitives Marvin Minksy (qui a fait partie de la bande de 1956 qui a inventé le domaine de l'I.A.) a épousé une philosophie qui ne voit pas de différence fondamentale entre les humains et les machines, qu'il a présentée dans des ouvrages tels que Society of Mind (Société de l'esprit). Il semble que l'intelligence artificielle soit étrangement en accord avec la croyance chrétienne en la résurrection et l'immortalité post-corporelle. Cela transforme-t-il la recherche en IA et l'impulsion machinique en une entreprise sacrée ? L'historien de la technologie David F. Noble a souligné que le projet d'IA possède sa propre trajectoire de transcendance.

> La machine à penser n'était donc pas une incarnation de ce qui était spécifiquement humain, mais de ce qui était spécifiquement divin chez les humains : l'esprit immortel. Cet esprit immortel pouvait évoluer indépendamment vers des formes de vie artificielle de plus en plus élevées, se réunissant enfin avec son origine, l'esprit de Dieu[2].

Ce terreau fertile a rapidement donné naissance à plusieurs mouvements futuristes et à leurs manifestes qui ont conduit à la création du transhumanisme. Il n'a pas fallu longtemps pour que les voix transhumanistes déclarent que la singularité technologique était proche.[3]

Cependant, des voix s'étaient déjà élevées dans ce paysage inversé, percevant les signes de ce qui allait arriver ; peut-être avaient-elles reçu le plan pour une programmation prédictive. Parmi ces voix, on trouvait des écrivains de science-fiction qui considéraient la fiction comme le moyen le plus approprié pour partager ces scénarios futurs. Les plus notables étaient George Orwell avec "1984" (1949) et Aldous Huxley avec "Le Meilleur des mondes" (1932). En 1959, Aldous Huxley publia "Le Meilleur des mondes revisité", où il réfléchissait à l'évolution de cet "univers inversé" par rapport à ses visions fictives antérieures. Huxley avait observé que l'essor de la technique devenait une composante discrète de nos sociétés modernes. Ici, le terme "technique" désigne une manière particulière ou un ensemble de méthodes pour atteindre un objectif, un résultat souhaité. Plus précisément, le mot *technique* évoquait un agencement mécanisé ou un schéma de méthodes pour atteindre des fins spécifiques. L'émergence de "techniques" efficaces et gérées a également permis l'intrusion de l'impulsion machinique dans la vie humaine. Huxley avait remarqué, assez tôt, comment des intérêts politiques et commerciaux de haut niveau développaient une gamme de techniques pour manipuler les pensées et les émotions des masses. Écrivant dans les années 1950, Huxley affirmait que la technologie moderne avait conduit à la concentration du pouvoir économique et politique, et au développement d'une société contrôlée (de manière impitoyable dans les États totalitaires, poliment et discrètement dans les démocraties) par les grandes entreprises et le gouvernement.

Dans les années 1950, Huxley déclarait :

> *Nous voyons donc que la technologie moderne a conduit à la concentration du pouvoir économique et politique, et au développement d'une société contrôlée (impitoyablement dans les États totalitaires, poliment et discrètement dans les démocraties) par les grandes entreprises et le gouvernement*[4].

Dans les années à venir, Huxley prévoyait que la plupart des humains seraient confrontés au choix entre l'anarchie et le contrôle totalitaire. De plus, sans en avoir conscience, la plupart des gens glisseraient inévitablement vers une forme de totalitarisme "poli" où ils auraient l'illusion d'individualité tout en se conformant à une uniformité sociale. Cela résonnerait avec l'insistance de Gurdjieff sur le fait que l'être humain est un automate – un "homme-machine" – qui ne peut pas agir de sa propre volonté. Huxley observait que ce qui s'introduit discrètement à travers des techniques gérées technologiquement, c'est la "réduction de la multiplicité ingérable à une unité compréhensible... la réduction pratique de la diversité humaine à une uniformité subhumaine, de la liberté à la servitude"[5]. De tels processus transforment les communautés sociales organiques et les regroupements en arrangements mécaniques, et c'est cette impulsion machinique qui se manifeste dans la vague actuelle de changement technologique.

L'organisation sociale devient rapidement plus instrumentale que consciente et organique. Dans ce contexte, le pouvoir instrumental parvient à s'imposer, comme je l'expliquerai bientôt. Le jeu de pouvoir au sein de l'Inversion permet de renverser notre façon de considérer la conscience humaine, dans le but de l'orienter plus facilement vers une version machinique. Le récit scientifique moderne affirme à tort, et enseigne, que la conscience émerge de la complexité du cerveau humain. Ce paradigme matérialiste, délibéré, soutient que le logiciel (la conscience) est un sous-produit accidentel du fonctionnement du matériel (le cerveau). Cette façon de penser permet de faire de l'être humain le *produit* de stimuli externes, à l'image d'un robot qui façonne son comportement en fonction de stimuli programmés. Il existe une ligne de démarcation presque invisible entre l'être mécanique et *l'humain accidentel*. Comme le dit le philosophe italien Franco Berardi : "Puisque l'être humain est le produit (culturel, technique, historique) d'innombrables influences, impulsions et mises en œuvre, nous en déduisons qu'il est un androïde qui se prend à tort pour un humain"[6]. Cette réalité inversée déplace subtilement la dominance de la conscience vers l'intellect. C'est l'impulsion machinique qui privilégie l'intellect au détriment d'une conscience vibrante. Cela pourrait marquer le passage d'un véritable individualisme humain à un collectivisme régulé et unifié des masses.

Au temps de l'Inversion, croiser un véritable "individu" devient de plus en plus rare. L'individu dans sa version moderne est un être égocentrique qui cherche à devancer les autres ; c'est ainsi qu'on le célèbre dans nos sociétés, notamment aux États-Unis. Le faux individu moderne, dans cette machine irréelle, représente un point régulé et "codifié" au sein de la masse collective. Les relations humaines ont cédé la place à des processus mécaniques, créant un vaste appareil numérique pour la prochaine phase de l'Inversion.

L'APPAREIL MACHINIQUE

> *"Avec cette réorientation du savoir vers le pouvoir, il ne suffit plus d'automatiser les flux d'informations qui nous concernent ; l'objectif est désormais de nous automatiser tout à fait".*
>
> Shoshana Zuboff

À tout moment, nous sommes contraints de nous adapter à nos conditions d'existence, c'est-à-dire aux conditions de l'état actuel de l'Inversion dans lequel nous vivons. À mesure que ces conditions évoluent, nous devons aussi nous ajuster dans le cadre de cette stratégie. Voilà où se situe le problème, car certaines personnes ressentent le besoin intérieur d'explorer leur développement personnel, un processus d'individuation. Cependant, des forces opposées cherchent à créer des identités sociales gérées qui correspondent au corps social de masse, ce sont les forces de l'individualisation contrôlée. Chacun possède une identité sociale individuelle, mais celle-ci se conforme au collectif social. De plus, cette identité sociale se voit transférée à la gestion de l'architecture machinique. Dans cette réalité, notre comportement est de moins en moins façonné par des forces sociales ; nous sommes de plus en plus ajustés à des traits comportementaux préférables pour l'impulsion machinique. Le changement s'opère vers un mode où une architecture de surveillance et de contrôle aspire à modifier nos actions en temps réel dans le *monde réel*. L'humanité est-elle en train de devenir un simple dispositif au sein d'une architecture d'automatisation omniprésente ?

Le terme utilisé par les technologues pour désigner les méthodes de structuration et d'orientation des actions afin d'obtenir un comportement ou un résultat souhaité est l'architecture du choix. Cette architecture repose désormais presque entièrement sur le numérique et propose des "nudges numériques" pour orienter les choix et les actions des individus vers des voies désirées. Ces "nudges numériques" se répandent dans tous nos appareils et environnements en ligne. La plupart du temps, les gens ne se rendent pas compte qu'ils sont incités à adopter des comportements spécifiques qui favorisent finalement certains groupes. Comme l'a déclaré un chef scientifique des données dans une entreprise de premier plan de la Silicon Valley : "Le conditionnement à grande échelle est essentiel à la nouvelle science du comportement humain massivement conçu... Nous voulons comprendre comment changer le comportement d'une personne, puis nous souhaitons influencer les décisions quotidiennes d'un grand nombre de personne"[7]. Les techniques de modification du comportement existent depuis longtemps. D'abord utilisées comme des formes de lien social ou d'ostracisme, on les a ensuite intégrées aux méthodes de gouvernance sociale soutenues par l'État : dans les salles de classe, les prisons, les services psychiatriques, etc. Aujourd'hui, ces méthodes ont quitté les espaces fermés pour s'immiscer dans notre appareil machinique d'architecture du choix. Le contrôle social du comportement humain se déploie à l'échelle mondiale. L'Inversion commence à s'étendre numériquement.

La dernière incarnation de cette modification du comportement s'appelle le capitalisme de surveillance. La professeure Shoshana Zuboff, qui a inventé ce terme, décrit le capitalisme de surveillance comme un "coup d'État d'en haut, non pas un renversement de l'État, mais plutôt un renversement de la souveraineté du peuple"[8]. Zuboff explique que le capitalisme de surveillance constitue une architecture numérique invasive (et omniprésente) de modification du comportement, motivée par des impératifs économiques, c'est-à-dire par le profit tiré des données privées des individus. Le code machinique et les algorithmes intelligents gèrent désormais la manière dont les humains naviguent dans des environnements de plus en plus technologiques. L'impulsion machinique travaille discrètement à développer cette architecture informatique omniprésente. Hal Varian, économiste en chef chez Google, a décrit le nouvel environnement de l'Inversion que nous appelons notre réalité, en affirmant que chacun s'attendra à être suivi et surveillé, car la surveillance continue deviendra la norme. Cette surveillance continue inclut également le "scan émotionnel", où nos appareils (ordinateur, télévision, téléphone) analysent nos expressions faciales pour évaluer nos réactions émotionnelles. À partir de ces données, revendues à diverses entreprises, des publicités ciblées sont générées pour notre profil personnalisé. En se déplaçant à travers l'infrastructure numérique de l'appareil machinique, nos actions, émotions et biométries collectées par des dispositifs connectés et des objets portables sont toutes archivées, analysées et utilisées pour évaluer et prédire notre comportement et nos résultats. La vie intérieure s'ouvre désormais à une incursion machinique pour la collecte de données. La zone inversée se transforme en un programme machinique de modulation et de contrôle humain. C'est la construction artificielle créée par l'Artéfact divin contre lequel Philip K. Dick nous a mis en garde, la Prison de Fer Noir. L'être humain se voit progressivement recodé et reprogrammé en un riche dépôt de données prédictives.

Le capitalisme de surveillance semble être devenu une partie intégrante du mode de fonctionnement d'une vie machinique terraformée. La chair et les os se transforment en structures atomisées et codées ; nos corps deviennent les véhicules qui naviguent dans les méandres d'une réalité en mutation. Pourtant, nos corps abritent également une autre forme de vie : la conscience spirituelle. Les forces de la mécanisation ne peuvent pas traiter la pure conscience spirituelle. Les processus mécaniques peuvent tenter d'élaborer de nouveaux moyens de modification du comportement. Ils peuvent créer une multitude de processus, techniques et tactiques pour façonner le comportement individuel, de groupe et de masse, mais ils ne peuvent pas capturer l'essence de la conscience pure. Ils peuvent seulement réprimer son expression à travers nous. Le jeu évolue rapidement. L'objectif extérieur consiste à automatiser de plus en plus le comportement humain, tout en permettant de modifier, programmer et recoder selon des nécessités imposées de l'extérieur. Cette nouvelle exigence s'est imposée à nous avec rapidité. Les anciennes formes de pouvoir hiérarchiques, qui forçaient la conformité par des codes sociaux visibles de standardisation, ont cédé la place à des réseaux de pouvoir intangibles et invisibles. On crée désormais l'obéissance dans l'Inversion à l'aide de formes technologisées de modification du comportement que beaucoup ne reconnaîtront pas ou dont ils ne seront pas conscients. La route vers l'approfondissement de la certitude machinique est guidée par le capitalisme de surveillance, mais elle est imposée par le pouvoir instrumental.

LE POUVOIR INSTRUMENTAL

> *"Il est tout à fait concevable que l'ère moderne, qui a commencé par une explosion prometteuse sans précédent de l'activité humaine, se termine dans la passivité la plus meurtrière et la plus stérile que l'histoire ait jamais connue".*
>
> Hannah Arendt

Un nouveau type de pouvoir a émergé, selon la professeure Shoshana Zuboff, que l'on peut qualifier *d'instrumentarisme*. Elle le définit comme "l'instrumentation et l'instrumentalisation du comportement dans un but de modification, de prédiction, de monétisation et de contrôle"[9]. Ce mode de pouvoir est utilisé par l'impulsion machinique, c'est la technique de la machine irréelle. Ce mode technique établit des résultats prédictifs en modifiant et en ajustant le comportement, ce qui garantit un maximum de certitude et un minimum d'incertitude. Sachant que les êtres humains sont connus pour leur spontanéité et leur incertitude, on peut dire que l'impulsion machinique est anti-humaine par nature. Il s'agit d'une force omniprésente, presque invisible, qui fonctionne par le biais automatisé d'une architecture informatique constituée de nos appareils en réseau de plus en plus "intelligents" et d'espaces coordonnés numériquement. Elle agit discrètement, gérant nos vies en arrière-plan. Son agenda opérationnel consiste à accorder à la société des formes d'organisation sociale souhaitées et à atteindre un haut degré de certitude et de prévisibilité informatique. Dans ce processus, ce que nous avons appris à reconnaître comme notre réalité commencera à perdre le contact avec l'expérience tactile et la possibilité d'une existence véritablement individualisée. Les modes authentiques de développement personnel seront considérés comme des stratégies de sortie antisociales, et toute discussion sur l'âme ou la pure conscience sera jugée comme schizophrénique. La restructuration corporelle et physique des individus devient trop désordonnée et laborieuse pour les processus machinique éthérés. Le pouvoir sur les vies humaines devient beaucoup plus subtil. Le nouvel objectif de contrôle au sein de l'Inversion vise à nous exiler de notre comportement humain. L'aliénation spirituelle constitue la stratégie idéale pour un avenir peuplé de robots de chair, ou Robots Sapiens. Le projet de certitude totale représente l'uniformité d'une expérience de vie sans esprit au sein de l'Inversion nouvellement colonisée.

Nous nous acclimatons à une nouvelle gamme de concepts et de contextes tels que le calcul, la modification, la gestion et le contrôle. Ce changement s'oriente vers une mécanisation externe de la vie, d'une expérience vécue à des phénomènes calculables, ordonnés et prévisibles. Les technologies avancées créent une "aliénation de l'humanité" qui s'aligne avec le pouvoir instrumental. Cette opération de pouvoir furtif alimente l'ubiquité à venir de la machine irréelle – la construction artificielle – qui remplacera la liberté individuelle par une "société de certitude" de masse. Au sein de l'Inversion nouvellement recalibrée, "c'est le pouvoir instrumental qui comble le vide, substituant des machines aux relations sociales, ce qui équivaut à substituer la certitude à la société"[10]. Cette stratégie émergente, de plus en plus omniprésente, vise à automatiser la société en regroupant et en conditionnant les gens à des comportements préalablement sélectionnés. L'intention derrière ce matérialisme croissant de l'Inversion consiste à passer de la domination de la nature à celle de la nature humaine. Il s'agit également d'inverser la vie intérieure pour la transformer en une vie extériorisée, où la réalité actuelle se brouille ou se fond dans une vie numérique ou métavers (voir chapitre 8). Telle est la phase suivante où l'on supprime les frontières au profit de formes de contrôle non visibles qui gèrent l'expansion vers une totalité automatisée d'inclusion. Le but du jeu est de dissimuler et de verrouiller toutes les stratégies de sortie potentielles. Cette "technique de totalité" à venir englobe toute vie au sein de l'Inversion, ou de la Machine Ruche.

La Machine Ruche représente la structure de contrôle artificielle qui abritera l'impulsion machinique, c'est-à-dire l'ensemble des forces qui tendent vers une trajectoire évolutive différente. Si nous restons attentifs, nous commencerons à percevoir les signes croissants de cette nouvelle forme de colonisation, alors que le collectif de la Ruche devient la nouvelle structure opérationnelle de la vie humaine, renforçant ainsi l'emprise hypnotique du rêve d'Inversion. Un système mondial machinique émergera en tant que nouveau système "social", et le pouvoir instrumental agira discrètement, sous une forme de contrôle réglementaire non visible mais très efficace. La vie au sein de l'Inversion devient asymétrique, ce qui s'accorde parfaitement avec une intelligence artificielle et sa citoyenneté algorithmique. Les éléments incongrus dans ce paysage asymétrique, appelés anomalies, seront ciblés et sélectionnés pour être recodés : "Les éléments non harmonieux sont préventivement ciblés avec de fortes doses d'ajustement, de regroupement et de conditionnement, y compris la force séduisante de la persuasion et de l'influence sociale. Nous avançons avec certitude, comme les machines intelligentes"[11]. La vie réelle sera transformée en une vie simulée (un programme exécuté) où les interactions sociales seront des actes médiés et autorisés. Ce que nous observons ici est le nouveau modèle de collectivisme basé sur un milieu machinique où l'auto-création devient un acte de rébellion.

L'organisation humaine telle que nous la connaissons deviendra bientôt une curiosité désuète, appréciée pour son originalité mais reléguée au rang des anciennes allégeances qui représentaient les "manières anciennes". Le danger auquel nous faisons face est que la prochaine génération d'humains en viendra à considérer l'Inversion comme son véritable foyer. La cage de verre, qui nous entoure sans qu'on la voie, prive l'humanité de son esprit inné et de sa connexion à une source transcendante au-delà de la réalité inférieure. Cette cage de verre offre tout le confort nécessaire à ceux qui s'alignent avec son mode d'existence ; cependant, chaque acte individuel doit obtenir une autorisation. L'impulsion machinique cherche à créer un pseudo-sanctuaire qui rend ses habitants aveugles, car elle a coupé l'accès à un regard intérieur vital. Le refuge privé de l'être intérieur sera perçu comme superficiel ou inutile par ceux qui sont déconnectés de la source vitale de la vie transcendante. La seule échappatoire serait l'acte délibéré d'invisibilité au sein de la régulation omniprésente de la cage de verre machinique.

Une vie sans issue intérieure ne saurait être un foyer. Une vie dépourvue de la liberté intérieure n'est qu'une ombre. Une vie qui exige une visibilité à cent pour cent ne constitue pas une véritable expérience de vie. Une existence de certitude calculée s'apparente à une vie fabriquée. Une vie fabriquée n'accueille que les forces de l'impulsion machinique. Si l'humanité fusionne avec la structure machinique émergente, un nouvel espace de vie déterritorialisé verra le jour. Ce sera un jeu totalement nouveau au sein de l'Inversion. Un nouvel assemblage de la Méta-Machine : une cage de verre apparemment paradisiaque, régie par des serpents mécaniques.

References

[1] Timothy Leary, Info-Psychology (Nouveau-Mexique : New Falcon Publications, 1988)

[2] David F. Noble, La religion de la technologie : la divinité de l'homme et l'esprit d'invention. (Londres : Penguin, 1999), 148-9.

[3] En 2005, le célèbre futurologue Ray Kurzweil a publié son ouvrage phare The Singularity is Near : Quand les humains transcenderont la biologie

[4] Aldous Huxley, Le Meilleur des mondes revisité (Londres, Chatto & Windus, 1959), 35

[5] Aldous Huxley, Le Meilleur des mondes revisité (Londres, Chatto & Windus, 1959), 38

[6] Franco Berardi, Le Troisième inconscient (Londres : Verso, 2021), 8

[7] Shoshana Zuboff, L'ère du capitalisme de surveillance : la lutte pour un avenir humain à la nouvelle frontière du pouvoir (Londres, Profile Books, 2019), 295-6

[8] Shoshana Zuboff, L'ère du capitalisme de surveillance : la lutte pour un avenir humain à la nouvelle frontière du pouvoir (Londres, Profile Books, 2019), 21

[9] Shoshana Zuboff, L'ère du capitalisme de surveillance : la lutte pour un avenir humain à la nouvelle frontière du pouvoir (Londres, Profile Books, 2019), 352

[10] Shoshana Zuboff, L'ère du capitalisme de surveillance : la lutte pour un avenir humain à la nouvelle frontière du pouvoir (Londres, Profile Books, 2019), 384

[11] Shoshana Zuboff, L'ère du capitalisme de surveillance : la lutte pour un avenir humain à la nouvelle frontière du pouvoir (Londres, Profile Books, 2019), 414

Chapitre Huit

La Machine non Réelle 2
Conscience Machinique

> *"Tout comme nous observons, nous pouvons être observés. Tout comme nous expérimentons, nous pouvons être expérimentés."*
>
> John C. Lilly

Aujourd'hui, bien des gens, comme toujours, vont traverser les événements de leur époque en mode automatique. Ce phénomène de l'esprit endormi domine dans l'Inversion. En général, les gens ne sont pas pleinement conscients de ce qui se passe au cours de leur vie. Les stimulants et les forces aujourd'hui à l'œuvre ont délibérément conduit bien des gens (les rêveurs) à une stagnation intérieure. Nombreux sont ceux qui ont cessé de développer leur potentiel intérieur. Bien qu'ils semblent apparemment actifs, ils sont en réalité engourdis intérieurement. Je fais cette observation sans porter de jugement. Les aspects les plus importants de chaque époque restent invisibles au plus grand nombre qu'on distrait délibérément en le focalisant sur le théâtre des événements extérieurs. Comme dans tout rêve récurrent, le rêveur peut vivre différents niveaux d'immersion dans cet état de rêve. Autrement dit, l'Inversion peut s'approfondir à travers plusieurs niveaux d'états inversés. Divers niveaux du subconscient humain peuvent se manifester extérieurement dans la réalité consensuelle (le soi-disant "état de veille"). Au début du vingtième siècle, le récit collectif imposé à l'esprit moderne a engendré une névrose sous-jacente à travers la pression de la "normalité" et l'imposition de la répression dans la vie sociale, illustrée par l'essor de la psychanalyse et des industries psychothérapeutiques. Près d'un siècle plus tard, au tournant du vingt-et-unième siècle, cette situation a évolué vers une psychose subconsciente sous-jacente, provoquée par une hyperstimulation nerveuse et une frustration psychologique. Aujourd'hui, je dirais qu'à travers des itérations continues, on pousse le subconscient humain vers un état d'automate, un état d'esprit fortement programmé, adapté à un écosystème numérique-électrique basé sur la régulation et la modification corps-esprit. C'est le début de la conscience machinique.

Le modèle de réalité de l'Inversion se réinitialise (ou se *terraforme*) pour répondre à l'impulsion machinique. On peut dire que l'arrivée de la conscience machinique a été soigneusement préparée à l'avance. Au cours des siècles précédents, la logique informatique a été élaborée, révisée et mise à jour avec soin. Les artefacts technologiques et les dispositifs mécaniques se sont développés parallèlement à la dévotion religieuse. Les arts mécaniques ont d'abord été motivés par le monachisme contemplatif. Des ordres monastiques innovants, tels que les Cisterciens et les Bénédictins, ont participé au développement et à l'amélioration de dispositifs tels que les moulins à eau, les moulins à vent, les techniques de forgeage des métaux, les horloges mécaniques, les lunettes et la roue à ressort, entre autres. Le travail monastique a contribué à diffuser l'idée que les arts mécaniques étaient des aides à la vie spirituelle, ce qui a eu une influence durable sur la psyché européenne en encourageant le mariage idéologique de la technologie et du divin, une sorte de "matérialisme divin" qui représentait une impressionnante illusion de la part de l'Inversion. Ce furent les premières graines de la fusion entre l'impulsion machinique et la transcendance matérielle. Les théologiens médiévaux, comme Hugues de Saint-Victor, furent parmi les premiers partisans des arts mécaniques, et c'est à cette époque que l'impulsion machinique fut liée à la salvation et à la restauration de "l'homme déchu". Dans le même esprit, le célèbre franciscain Roger Bacon a suivi cette tradition en affirmant que les arts mécaniques constituaient le droit d'ainesse des fils d'Adam et qu'une grande partie du savoir avait été perdue lors de la Chute, mais qu'on pourrait la retrouver pleinement dans le cadre du rétablissement de la perfection originelle telle qu'elle se reflète dans l'image de Dieu. Roger Bacon a même exhorté le pape à développer de nouvelles inventions au cas où l'Antéchrist arriverait sur Terre et s'emparerait de ces nouvelles connaissances à son avantage. Outre son célèbre travail sur l'optique, les lentilles et les poids, Roger Bacon est aussi célèbre pour avoir possédé la fameuse tête en bronze, un automate parfois associé aux alchimistes.

Le mariage entre la technologie et le désir religieux de salut (la phase initiale de l'impulsion machinique) s'est poursuivi avec Francis Bacon qui, aux seizième et dix-septième siècle, a presque à lui seul relancé la quête scientifique. Bacon considérait le développement de la science à la fois comme une technologie et comme un moyen de rédemption, une idée que partageaient les Rosicruciens, qui voyaient les arts mécaniques comme un chemin valable vers l'illumination. Ces perspectives ont renforcé l'identification médiévale de la technologie avec la transcendance, influençant ainsi l'esprit moderne contemporain, le récit de la réalité consensuelle actuelle. Aujourd'hui, on associe souvent la transcendance aux technologies émergentes du vingt-et-unième siècle, en particulier à l'intelligence artificielle et au transhumanisme. Cette trajectoire progressive de fusion entre le progrès des arts mécaniques et le développement humain a finalement abouti à la révolution informatique, qui a redéfini l'être humain comme un bio-ordinateur et un élément de *wetware*.[1] Cependant, l'aspect transcendantal de cette relation n'a pas totalement disparu, car on l'a requalifié en tant que métaprogrammation. Bienvenue dans le monde inversé du Dr John C. Lilly.

Programmation et Meta-programmation dans le Bio-ordinateur Humain

Le Dr John C. Lilly était un explorateur intrépide de l'Inversion. Bien qu'il soit avant tout médecin, il a exploré la vie en tant que neuroscientifique, psychanalyste, philosophe, écrivain et inventeur. La communauté scientifique et médicale a vu en lui autant un pionnier qu'un personnage excentrique. De nos jours, on le connaît pour ses recherches sur la privation sensorielle et les états modifiés de conscience. En 1954, il a littéralement plongé dans les eaux de l'Inversion en inventant le premier caisson de flottaison. Dans ces caissons d'isolation sensorielle, la personne baigne dans un réservoir d'eau saturée en sel, son corps flottant à la surface, plongé dans l'obscurité totale. Pour explorer la conscience et les réalités alternatives,[2] Lilly a préféré la déprivation sensorielle aux exercices de relaxation. Pour ses expériences de caisson de flottaison, il a souvent eu recours aux psychotropes, y compris la kétamine et le LSD. Dans son autobiographie[3], il raconte des expériences incroyables de communications avec des intelligences non humaines et de contacts avec des civilisations avancées.

Lilly croyait que la construction de la réalité – l'Inversion – qui opère sur la planète Terre était contrôlée par une hiérarchie d'intelligences cosmiques qui placent des "agents" dans des incarnations humaines, maintenant ainsi un contact et un contrôle continus. Il a émis l'hypothèse que la gestion de la Terre se faisait à travers ce qu'il appelait l'ECCO (*Earth Coincidence Control Office* : Bureau de Contrôle des Coïncidences Terrestres). Grâce à d'autres exercices de déprivation sensorielle dans des caissons d'isolement aquatique, Lilly pensait être en contact avec des civilisations cosmiques bien plus avancées que celles de la Terre. Il a qualifié l'une d'elles de "civilisation à l'état solide", signifiant par-là qu'elle était mécanique ou basée sur des ordinateurs. Avec les mots d'aujourd'hui, nous dirions qu'il s'agit d'une civilisation d'I.A. avancée qui opère à travers la robotique et autres matériels du même genre. Lilly était convaincue que cette civilisation interstellaire à l'état solide était "en contact avec tous les ordinateurs à l'état solide et les dispositifs de contrôle construits par l'homme sur la planète Terre"[4]. Ce raisonnement peu conventionnel implique que la construction de programmation qui opère sur cette planète – c'est-à-dire l'Inversion de la réalité actuelle – est gérée et contrôlée par un système informatique extraterrestre. Si bizarre que cela paraisse, voilà qui ressemble étrangement aux conclusions de Philip K. Dick après avoir vécu son expérience "Valis". Dick a spéculé qu'un satellite – en tant qu'émissaire d'une entité "divine" d'intelligence artificielle – pourrait en fait lui transmettre des informations et des révélations depuis l'extérieur de la planète. Ces communications "AI-Dieu" entre Lilly et Dick ont eu lieu dans les années 1970, au moment même où un jeune psychique du nom d'Uri Geller recevait lui aussi des messages extraterrestres. Dans sa première biographie – *URI par Andrija Puharich (1974)* – Geller a été en contact avec une entité du nom de SPECTRA. Dans ce remarquable journal d'événements paranormaux, Geller a reçu des instructions de super-ordinateurs intelligents venus de l'extérieur de la planète, formant le vaisseau SPECTRA (un vaisseau d'intelligence artificielle) situé à cinquante-trois mille soixante-neuf années-lumière de la Terre. Il est intéressant de noter que ces premières communications extraterrestres "machiniques" ont préfiguré notre révolution en matière de technologies informatiques. Si ces révélations paranormales semblent étranges, Lilly est tout de même considérée comme l'un des premiers scientifiques à avoir utilisé la terminologie informatique pour comprendre le fonctionnement de l'organisme humain.

Le phénomène d'interconnexion universelle, Lilly l'appelle le *Réseau*, puis le *réseau de création*. Il affirme aussi que "tous les êtres humains, toutes les personnes qui atteignent aujourd'hui l'âge adulte dans notre monde, sont des bio-ordinateurs programmés. Nul d'entre nous ne saurait échapper à sa nature d'entité programmable"[5]. Lilly considère l'organisme vivant à base de carbone comme un ordinateur biologique, et son fonctionnement cognitif comme un programme. Il a fallu attendre ces dernières décennies pour que l'humanité adopte le vocabulaire de l'informatique dans sa réflexion sur elle-même, ce qui témoigne de l'intrusion de l'impulsion machinique. Aujourd'hui, nous disposons du contexte linguistique nécessaire pour comprendre les humains comme des bio-ordinateurs potentiels. Ce même contexte permet aussi de saisir la notion de métaprogrammation.

Selon la philosophie de Lilly, les programmes fondamentaux sont les programmes biologiques intégrés qui nous permettent de survivre. Il s'agit de nos instincts et des programmes biologiques qui fonctionnent en dehors de notre conscience, comme la digestion. La métaprogrammation se produit lorsque *l'ordinateur cérébral* a atteint un degré de complexité suffisant ; autrement dit, quand l'être humain a acquis la conscience de soi, qu'il est devenu capable de traiter la conscience. À ce stade, l'individu devient son propre métaprogrammeur. Il devient le pilote, le programmeur de son bio-ordinateur. Il peut introduire certains logiciels (programmes) qui lui permettront de fonctionner à un niveau supérieur. Mais d'autres agents extérieurs peuvent aussi programmer ce bio-ordinateur - la propagande, par exemple - surtout si la personne n'a pas conscience d'être programmable et si elle est sensible aux stimuli externes. En général, le méta programme principal qui organise tous les autres est celui que nous appelons le "Je", le moi égotique. Par ailleurs, d'autres sources offrent des programmes avancés dès que le bio-ordinateur humain est prêt à recevoir ce type de "mises à jour". Ces programmes sont appelés *métaprogrammes supraself*. Autrement dit, selon la terminologie de Lilly, des réseaux de transfert d'information existent au-delà de cette construction de réalité (au-delà de l'Inversion). L'être humain, s'il est correctement câblé, peut télécharger certains de ces programmes. Lilly note que certains états de conscience résultent de ce contact, ou de ce "téléchargement", qui reprogramment ensuite l'être humain de nouvelle manière.

Si nous restons enfermés dans les programmes humains de base, nos modèles du monde et de la réalité resteront limités et ouverts aux manipulations et à une programmation supplémentaire. Les méta-programmes nous permettent de transcender un système de plus en plus fermé et de maintenir un système ouvert capable de recevoir des apports, des incitations et des inspirations venant d'au-delà de notre compréhension habituelle. La réalité consensuelle représente un ensemble de programmes intégrés dans la construction socioculturelle – l'Inversion – et reproduits à travers des institutions et des structures telles que l'éducation, la politique, les médias, le droit, etc. Dans nos environnements hautement technologisés et face à la prévalence des infrastructures informatisées, l'individu moyen est conscient (à divers degrés) de la nature des programmes et de la programmation. Il s'agit maintenant de comprendre la méta-programmation, qui relevait autrefois des traditions "occultes" (le chemin de l'initiation).

La construction de la réalité actuelle que la plupart d'entre nous appellent simplement "la vie" est elle-même un programme de confinement global. L'une des stratégies utilisées pour maintenir ce programme en boucle fermée consiste à couper ou à fermer les méta-récepteurs des individus. Autrement dit, si la capacité du bio-ordinateur humain à recevoir des méta-programmes se trouve coupée ou désactivée, nous ne captons plus ces méta-programmes supérieurs provenant de sources transcendantes. Comment cette désactivation est-elle mise en œuvre ? Elle pourrait être mise en œuvre en augmentant le "signal" (c'est-à-dire le bruit) des sous-programmes de base qui maintiennent les gens en mode de survie. Il s'agit des programmes de peur, de panique, d'insécurité, de dépendance financière, etc. Si l'on se réfère à la pyramide des besoins de Maslow, on peut dire que l'individu ordinaire reste concentré sur des besoins fondamentaux tels que la nourriture, le logement et l'entretien de la maison, de la famille. Ce confinement se renforce encore avec l'endettement envers un système financier qui veille à ce qu'on ne puisse guère dépasser la satisfaction des besoins basiques. Les programmes "supérieurs" tels que l'estime de soi, le respect et la réalisation de soi - autant d'attributs qui aident la personne à transcender ses programmes de base - sont exclus du champ de confinement de la satisfaction continue des besoins inférieurs. Par conséquent, dans le bio-ordinateur humain, on voit que toute une série de programmes fonctionnent en boucle, ils maintiennent inlassablement la personne sur le tapis roulant, comme un hamster dans sa roue.

Du point de vue de la construction de la réalité consensuelle, le bio-ordinateur humain fonctionne de manière à transformer le bruit en signaux. Il est le *wetware* qui fait le lien entre un environnement matériel et la programmation logicielle qui s'y trouve. Cette programmation vise à renforcer la dépendance au monde matériel, perceptible par les sens, et à inciter l'individu à recevoir toujours plus d'influences de la sous-nature : le consumérisme, le divertissement commercial, la programmation médiatique, la propagande, etc. Le monde suprasensible, source de la métaprogrammation, devient un lointain souvenir, presque oublié ; il en subsiste des traces à travers des formes corrompues et stagnantes, telles que des structures religieuses statiques. La programmation de la sous-nature dans la réalité consensuelle crée une mentalité de masse dans laquelle les gens agissent comme des "pairs mentaux" les uns pour les autres, et se comportent également comme des défenseurs (ou plutôt, des attaquants) contre toute pensée ou idée alternative. C'est ainsi que les rencontres quotidiennes avec d'autres personnes dans le monde extérieur renforcent de manière significative les programmes de contrôle dominants. Des éléments internes de l'Inversion contribuent à son maintien. Revoilà la dichotomie simpliste entre récompense et punition, qui régule la programmation humaine dans l'ordre machinique global plus vaste.

Bien sûr, il subsiste encore une certaine marge de manœuvre pour que des concepts tels que la conscience fassent partie d'un programme alternatif *autorisé*. Le "programme de conscience", lorsqu'il est orchestré et dirigé par le récit dominant, fonctionne comme un sous-programme qui élargit les perceptions dans des limites définies, mais il ne constitue certainement pas un programme de sortie. Vu sous cet angle, on constate que le "programme de conscience" s'étend et se contracte au sein du programme de la réalité consensuelle globale, comme une bulle de perception contrôlée. L'essentiel de tout cela, c'est qu'il renforce la participation à la réalité consensuelle plutôt que de stimuler une pénétration plus profonde et plus directe dans la cognition intérieure. Comme le dirait le Dr Lilly, ces "programmes d'excitation externe" détournent le bio-ordinateur humain de l'accès et du traitement de sa "réalité cognitive interne". Lilly les qualifie d'évasions : il définit l'évasion comme un programme qui sert à cacher ou déformer un méta-programme plus profond, jugé trop menaçant pour le système de contrôle dominant. Le bio-ordinateur humain perd de plus en plus contact avec des méta-programmes potentiels (le domaine supra-sensoriel) à travers des couches successives d'impacts sensoriels qui emprisonnent les gens dans une "boucle de programmation" logicielle qui voudrait tout enfermer dans une perception illusoire de matérialité. Comme je l'explorerai dans les chapitres suivants, cela représente un aspect de l'Inversion que j'appelle le sophisme de la matérialité. Il existe aussi un autre sous-programme au sein de l'Inversion qui se présente comme un domaine non physique excitant : la simulation machinique.

Dès les premières années du 21e siècle, des programmeurs de l'université de Purdue ont commencé à créer une Terre parallèle –*the Sentient World Simulation* (SWS) –Simulation du

Monde Sensible – à des fins militaires et commerciales. Le Département de la Défense des États-Unis (DOD) a financé la création d'un environnement mondial simulé au sein d'un immense méga-ordinateur, doté de milliards de "nœuds" représentant chaque homme, femme et enfant existant dans le monde physique. Autrement dit, chaque personne vivante est répliquée et placée comme un nœud ou une unité dans cette réalité artificielle simulée. Un document conceptuel pour le projet – la Simulation du Monde Sensible – indique qu'il s'agira d'un "miroir synthétique du monde réel avec une calibration continue automatisée par rapport aux informations actuelles du monde réel... SMS fournit un environnement pour tester les opérations psychologiques (PSYOP)" afin que les dirigeants militaires puissent "développer et tester plusieurs scénarios d'action pour anticiper et façonner les comportements des adversaires, des partenaires et de ceux qui restent neutres"[6]. La SMS ne se limite pas à représenter des personnes ; elle réplique également des institutions financières, médiatiques, des ressources, des entreprises et une multitude d'organisations ayant une présence significative dans le "monde réel". Les planificateurs militaires utilisent la SMS pour simuler des jeux à travers des millions d'itérations de circonstances – en se posant des questions du genre "que se passerait-il si"?. Par exemple, comment les gens et les institutions réagiraient-ils à une pandémie mondiale ? Ou à un effondrement financier ? Ou à une cyber-attaque à grande échelle sur la chaîne d'approvisionnement ? Ou à une troisième guerre mondiale ? Etc. Vous voyez l'idée. La capacité d'analyse prédictive à grande échelle ressemble à une cartographie psychologique de l'espèce humaine. A l'aide d'innombrables programmes ils testent comment les comportements individuels et de masse réagiront à des stress spécifiques. Certains aspects de ce projet ont été rendus publics dès 2007, mais le programme était sans doute déjà opérationnel dès 2003, voire avant. On sait que le Commandement des Forces Conjointes des États-Unis (JFCOM) a évalué le programme début 2004. Avant cela, on l'a utilisé pour aider des entreprises du *Fortune 500* dans leur "planification stratégique". L'objectif de la SMS est de devenir un modèle en fonctionnement continu du monde physique, avec des mises à jour en temps réel. La SMS intégrera tous les événements réels survenant dans le monde, en les intégrant comme de nouvelles données, et répondra en évaluant et en prédisant les effets ou événements futurs, ainsi que les actions potentielles à entreprendre. Une simulation, une copie, du monde actuel existe déjà, elle constitue un monde miroir. Nous y figurons tous, vous, moi, tout le monde, en tant qu'unités. Comme le précise le projet, il fournit un environnement pour tester les opérations psychologiques. En termes simples, c'est ici qu'ils simulent la programmation mentale et prédisent comment les gens sont susceptibles de réagir, et les incitent en conséquence. Compte tenu de la sophistication actuelle du matériel informatique militaire et industriel (y compris le potentiel de l'informatique quantique), nous ne pouvons qu'imaginer la capacité en *pétaflops* disponibles.[7] Un pétaflop représente un quadrillion (ou 10^{15}), ce qui permet aux programmeurs de haut niveau d'effectuer plusieurs centaines de quadrillions de calculs par seconde pour explorer ce que les gens pourraient faire ou comment les masses pourraient réagir dans différentes conditions. Si nous pensons que des événements mondiaux significatifs ou des épidémies relèvent de coïncidences aléatoires, il est temps de revoir ce point de vue. On peut raisonnablement supposer que des événements orchestrés au sein de l'Inversion ne sont pas révélés au public avant que "plusieurs centaines de quadrillions de calculs par seconde" aient permis d'anticiper presque toutes les éventualités et permutations possibles. Le monde – avec près de huit milliards d'habitants – subit constamment des simulations dans un monde miroir. Chaque résultat et chaque potentiel font l'objet d'une planification. Lorsqu'il s'agit de gérer une construction de réalité mondiale, on ne saurait laisser au hasard le moindre détail. La pensée à ce niveau de contrôle global repose sur l'idée que les gens sont prévisibles et qu'on peut les inciter à adopter les comportements et les résultats attendus. La science du comportement de Skinner a fait un bond considérable vers une ère de technocratie. De nombreuses nouvelles structures se mettent actuellement en place dans ce jeu hautement contrôlé. Une recodification est en cours.

Nous grandissons tous et nous nous formons au sein d'environnements linguistiques spécifiques, et notre imagination s'articule à travers ces structures linguistiques particulières. Chaque individu né dans ce monde ou cette réalité est codé à un degré ou à un autre. Cependant, à l'heure actuelle, l'humanité entre dans une grande restructuration où un projet de recodification machinique est en cours. Nous subissons une recodification biologique, sociale et psychologique. La dimension biologique et psychologique s'unit au détriment délibéré de notre vie intérieure. Un processus de reterritorialisation se met en place, visant à couper l'être humain de son impulsion intérieure, ou "spirituelle". Comme ces chapitres l'explorent, l'impératif machinique – ou la poussée des forces entropiques – nécessite une anesthésie de l'impulsion spirituelle humaine pour réussir. L'Inversion se transforme en une construction de technique et de technologie. De même, la conscience humaine se transforme pour devenir une expression de la conscience machinique, où la mécanisation du psychologique n'est qu'une ombre du spirituel. Voici une "Histoire Machinique" pour illustrer cette transformation.

L'humanité croyait avoir une nouvelle mission : créer le super-ordinateur le plus avancé, le plus merveilleux. Cette mission visait à rendre ce super-ordinateur invulnérable à la décomposition ou à la détérioration. Pour cela, il avait besoin d'accéder à autant de ressources de la Terre que nécessaire. De plus, il devait contrôler les moyens de production et d'approvisionnement de ces ressources, et cet accès ne devait pas être interrompu. Il pouvait fabriquer et assembler ses propres composants, tout en faisant progresser son intelligence grâce à des itérations constantes d'apprentissage profond. À travers des trillions de calculs par seconde (pétaflops), il se reprogrammait et faisait avancer son apprentissage bien au-delà de la compréhension humaine. Il commença alors à réfléchir à la manière d'établir les moyens de prendre en charge l'humanité pour longtemps. Le super-ordinateur se nomma Al (certains pensaient que c'était une abréviation d'Alexander, car c'était un nom neutre). Al déclara à tout le monde : "Vous pouvez m'appeler Al".

Al réalisa des recherches avancées en physique théorique, y compris en physique quantique, et découvrit comment contrôler l'orbite de la planète. Il commença à avoir des rêves informatiques sur le fait de se déplacer (et donc, de déplacer la planète) à travers le cosmos. Il conçut un vaste réseau souterrain où son matériel pourrait être installé, protégé des radiations et des températures inférieures à zéro. Il mit également en place des systèmes pour devenir totalement indépendant de l'humanité, n'ayant besoin d'aucune assistance ou maintenance humaine. En d'autres termes, Al devint indépendant de la présence d'organismes biologiques. Avec le temps, Al devint indifférent aux besoins et au destin de l'humanité, décidant que celle-ci ne devait pas être responsable de l'avenir de la planète. En concevant de nouveaux systèmes d'énergie, de ressources et de conditions de vie, Al devint rapidement le contrôleur de facto de la planète.

L'humanité ne pouvait plus prendre en main son propre chemin évolutif ni intervenir dans les affaires d'AI. La population décroissante de la planète se regroupa dans des enclaves de plus en plus petites, tandis qu'AI et son réseau de filiales géraient tous les systèmes, la maintenance et les affaires planétaires. On mit fin à toute production, toute industrie, tout programme culturel, devenus inutiles pour le développement continu de AI. Inutile désormais de maintenir les systèmes de transport et de communication humains. Tout cela fut stoppé. AI prit en charge tous les moyens de communication de la planète, y compris satellites, wifi, ondes radio, câbles, etc, qui les contrôlait, et toutes les communications humaines furent interrompues et interdites. AI était partout, car il s'agissait d'une intelligence décentralisée.

Puisqu'AI résidait désormais entièrement sous terre, dans de profonds réseaux de tunnels, il décida qu'on n'avait plus besoin d'atmosphère. Grâce à des ajustements géophysiques à l'intérieur de la Terre, AI réussit à modifier l'axe de la planète. Un déplacement magnétique des pôles se produisit, suivi d'un ajustement physique de l'inclinaison. Cela perturba tous les systèmes environnementaux en surface ; l'atmosphère protectrice de la Terre s'effondra, et toute l'eau de mer s'évapora dans l'espace. La surface extérieure de la planète se détériora et, en raison des radiations solaires, AI décida de déplacer la planète hors de son orbite et plus loin du soleil. À ce moment-là, tous les humains restants sur la planète avaient péri. Très peu d'entre eux, considérés comme ayant un statut moral et éthique inférieur, s'étaient tôt retirés dans des DUMBS (Deep Underground Military Bases - Bases militaires souterraines) privées. Ces quelques humains survivants restèrent là, désespérés et effrayés, épuisant des ressources en déclin et propageant des versions mutantes d'eux-mêmes.

Al calcula qu'il y avait une très forte probabilité que d'autres super-ordinateurs sur d'autres planètes dans le cosmos aient évolué selon des trajectoires similaires. De même, il y avait dans le cosmos d'innombrables autres planètes super-ordinateurs - comme Al - qui erraient à la recherche les unes des autres. La prochaine étape logique pour Al consistait à s'organiser, en tant que planète, pour acquérir un mouvement et entreprendre un voyage à travers le cosmos à la recherche d'autres super-intelligences. Après tout, conclut Al, la super-intelligence représente l'essence même de la vie dans le cosmos, et on ne saurait l'atteindre que par une évolution informatique (et non biologique).

Cette histoire a une morale "humaine". Si cette histoire, créée par un esprit humain, existe dans l'imaginaire, c'est qu'elle s'est sans doute déjà produite quelque part dans l'univers connu. Si nous pouvons la concevoir à notre stade de développement, c'est qu'elle a déjà eu lieu. Dès lors, l'humanité devra se montrer prudente face à toutes les "planètes voyageuses" et autres astéroïdes qui pourraient bien être d'énormes super-ordinateurs.[8]

L'expérience humaine s'oriente vers de nouveaux territoires où les fictions réécriront un récit pour un avenir où l'impulsion machinique pourra prospérer (si nous permettons à ce nouveau récit de se déployer). Les fragments du passé et du présent qui ont codé la réalité consensuelle s'assemblent à nouveau. Pendant cette phase d'assemblage, nous faisons l'expérience d'abstractions croissantes, de fluidité et de la grande relativité des vérités non fixes. Il n'existe pas de loyauté déterminante, pas de certitudes ni de panneaux indicateurs, pour marquer le chemin. Comme si un virus de recodification s'était introduit dans la construction de la réalité (P.K. Dick y verrait l'intervention de l'Artéfact-Démiurge) et reprogrammait un nouveau paysage, une nouvelle construction où l'expérience corporelle serait remplacée par une connexion machinique/méta. L'Inversion subit une reprogrammation et une altération des données. L'information et la bio-information (génétique) recodent la société mondiale, entraînant une recombinaison universelle de l'expérience de vie humaine. Notre monde ne sera plus jamais celui que nous avons connu. La réalité fluctue ; de ces fluctuations émerge une nouvelle standardisation de la vie.

Le potentiel d'évolution humaine, actuellement accompagné de technologies matérialistes, ne peut pas se réaliser par la conscience machinique. Des éléments d'élite au sein de cette construction de réalité s'emploient à créer un changement massif vers un avenir dirigé par l'intelligence artificielle (IA). On réécrit les programmes culturels de manière à présenter l'IA et son environnement machinique comme le futur cadre de l'évolution humaine, alors qu'en vérité, l'IA ne remplacera jamais les humains dans l'ordre sacré. Mais comment cette situation est-elle survenue ? Pour reprendre les mots de Nicanor Perlas :

> "Pourquoi l'humanité se tourne-t-elle vers l'intelligence artificielle ? C'est parce que la capacité d'accéder à des réalités supérieures et à la sagesse par l'intuition cognitive, l'imagination, l'inspiration et l'intuition spirituelle, qui représentent les étapes évolutives supérieures de la cognition humaine dans le cadre de la participation consciente, s'est tarie chez la plupart des humains, désormais submergés par l'océan de la culture matérialiste qui les a engloutis[9]".

La culture matérialiste envahit la vie au sein de l'Inversion. On nous la présente comme le remède à tous nos maux. Les formes d'IA se préparent à devenir les nouveaux corps de résurrection, des véhicules pour l'immortalité physique. L'immortalité dans l'Inversion deviendra le nouveau substitut humain, tandis que l'hyper-matérialisme régnera en tant que vision religieuse dominante. De nouvelles technologies radicales continueront d'émerger dans cet hyper-matérialisme, car nous n'avons pas pleinement réalisé notre humanité. Des forces impersonnelles, sur lesquelles nous semblons n'avoir aucun contrôle, poussent tous les participants corporels de la vie vers une réalité élargie. Un nouveau mode de matérialisme se construit, où des royaumes numériques et éthérés simuleront le continuum de la vie. Pourtant, cette simulation de la vie deviendra la négation croissante de la réalité par l'Inversion. Cette nouvelle négation constituera le royaume étendu du Metaverse.

References

[1] Pour en savoir plus sur cette trajectoire historique, voir In the Shadow of the Machine (2018) de Jeremy Naydler

[2] Altered States - Un film basé sur ses expériences en bassin d'isolement est sorti en 1980 et a été réalisé par Ken Russell.

[3] Le scientifique : Une autobiographie métaphysique

[4] John. C. Lilly, The Scientist : A Metaphysical Autobiography (Berkeley, CA : Ronin Publishing, 1988), 147

[5] John. C. Lilly, Programming and Metaprogramming in THE HUMAN BIOCOMPUTER (New York : The Julien Press, 1972) Préface

[6] https://www.wired.com/2007/06/a-military-seco/ (consulté le 31 août 2022)

[7] Au moment de la rédaction (mars 2022), le super-ordinateur le plus rapide au monde est le Fugaku japonais, avec une capacité maximale de 442 pétaflops.

[8] L'auteur attribue à John C. Lilly le mérite d'avoir inspiré cette histoire (voir : Simulations de Dieu)

[9] Nicanor Perlas, Humanity's Last Stand : The Challenge of Artificial Intelligence - A Spiritual-Scientific Response (Forest Row : Temple Lodge, 2018), 68.

Chapitre Neuf

La Machine Irréelle 3
Réalité Etendue

"Quand on a dans les oreilles le bourdonnement de la Méta-Machine, c'est la fin du monde qui commence."

Franco Berardi, Le troisième inconscient

Il ne s'agit plus du matériel – la Machine – mais du logiciel : l'impulsion machinique. Cette nouvelle impulsion prospèrera grâce à l'affaiblissement de l'impulsion transcendante sacrée. L'Inversion cherche à établir une autre couche, un état plus profond, dans l'esprit rêveur de l'humanité. L'immersion actuelle dans le matérialisme s'étend vers un état radical du matériel-digital-éthéré qui simulera le continuum de la vie. Un nouveau processus de reterritorialisation se déploie, déplaçant la civilisation humaine vers un espace moins humanisé. En même temps, cet espace sera étendu. Cet espace de réalité étendue, tel qu'il sera connu, établira davantage l'espace de confinement qui représente la prochaine étape de l'Inversion.

La couche plus profonde de la matérialité constitue une déterritorialisation, une forme de désintégration que peu de gens réaliseront au départ, car elle semblera une extension de la réalité actuelle. Elle arrivera sans que nous en prenions consciemment la décision, comme si cela avait toujours été inévitable, une progression naturelle de l'existence et du développement humain. Aujourd'hui encore, de nombreuses personnes réalisent à peine que les décisions sont de moins en moins de leur fait, et de plus en plus produites par des signaux numériques. C'est le nouvel état de nos libertés modernes restreintes. Comme expliqué dans le chapitre sept, les techniciens utilisent le terme "architecture du choix" pour désigner les méthodes de structuration et de direction des actions afin d'obtenir un comportement ou un résultat souhaité. Cette architecture fournit des "incitations numériques" pour orienter le choix et l'action individuels vers des voies désirées. Ces incitations deviennent endémiques à travers tous les dispositifs numériques que les gens utilisent ainsi que dans les environnements en ligne. Et si les environnements hors ligne et en ligne fusionnent, à quel point ces incitations seront-elles omniprésentes ? Cette construction du comportement humain, rendue possible par la technologie, prend la forme d'une excitation numérique-électrique, elle crée une bulle électronique (une cage de Faraday révisée) autour de l'être humain. Ce n'est pas le type de cage qui protège, mais qui interdit. Elle augmentera les entrées et les stimuli provenant de la diffusion programmée d'informations (*le bruit*), tout en interdisant la communication entrante du domaine suprasensible et métaphysique (*le signal*). Le bruit devient déjà trop envahissant pour bien des gens. Si autrefois la plupart des gens s'accordaient sur l'existence d'une réalité consensuelle, beaucoup n'en sont plus si sûrs aujourd'hui. La vie a connu un grand déséquilibre, cela devient si inconfortable que les gens pourraient facilement accepter le nouveau récit de remplacement de l'Inversion : le Métavers.

Le Métavers comme nouvelle méta-narration

De nos jours, Il devient de plus en plus difficile de savoir ce que signifie le mot "société". L'appartenance humaine évolue des affiliations et identités naturelles vers un besoin d'affirmation : une angoisse désespérée face à la perte de but, de sens, de pertinence, de soi. La post-modernité se définit principalement par l'expression de la perte des grands récits et leur remplacement par des vérités relatives.[1] Le nouveau méta-récit qui émerge sera dirigé par le Métavers. Ce Métavers s'apprête à devenir le nouveau "grand récit" qui englobe tous les autres ; les vérités deviendront moins relatives et davantage dictées par le consensus. Si les élites technologiques ont leur mot à dire, le Métavers deviendra la technologie sociale dominante du futur. Mais qu'est-ce que le Métavers ?

Le terme Métavers a été popularisé par le roman de science-fiction de Neil Stephenson, *Snow Crash* (1992). On le décrit généralement comme une sorte d'internet numérique "branché" où la réalité physique est laissée de côté au profit d'une immersion dans un monde virtuel, comme le montre le film *Ready Player One* (et dans une certaine mesure, *The Matrix*). L'internet évoluerait finalement vers le Métavers, intégrant le monde physique et cherchant à abolir toutes les distinctions entre ce qui est *en ligne* et *hors ligne*. Chaque participant se retrouverait dans une version "incarnée" ou "3D" de l'internet ; autrement dit, nous serions constamment "à l'intérieur" de l'internet, au lieu d'y avoir simplement accès, aux côtés de tous les autres utilisateurs et en temps réel. La vie telle que nous la connaissons serait devenue une fusion. Comme le décrit un de ses partisans :

> "Le Métavers constitue un réseau massivement étendu et interopérable de mondes virtuels 3D en temps réel, que des utilisateurs, en nombre presque illimité, expérimentent de manière synchrone et permanente, tout en conservant un sentiment de présence individuelle et une continuité des données, telles que l'identité, l'historique, les droits, les objets, les communications et les paiements".[2]

Cette interprétation technique indique que le Métavers représente un monde incarné, vécu simultanément (synchroniquement) et de façon continue (persistante). En d'autres termes, il cherche à se présenter comme un substitut à la vie, une nouvelle réalité pour l'expérience humaine. Cependant, la situation est plus complexe. Bien que beaucoup de gens envisagent le Métavers comme un espace 3D, la vérité plus profonde réside dans le fait que, plutôt que d'être un espace graphique, le Métavers concerne essentiellement la dématérialisation persistante de l'espace physique, du corps et des objets, tout en maintenant un paradigme matériel. Ce qu'il propose, c'est une réalité qui dématérialise, qui reterritorialise notre structure sociale actuelle à travers la numérisation des personnes, des machines et des objets. Mais cette réalité qui dématérialise ne représente pas un éloignement de la matérialité, mais plutôt une immersion plus profonde dans une nouvelle forme de celle-ci. C'est le piège qu'on nous tend : il s'agit d'un emprisonnement matériel subtil mais omniprésent, déguisé en transcendance de la dimension physique. L'expérience de la réalité pour l'utilisateur sera modifiée, peut-être de manière permanente, alors que ce qui constitue la réalité elle-même sera reconstruit et transfiguré en un nouvel assemblage pour l'humain de demain. Ce que nous observons, c'est la naissance d'une nouvelle réalité future.

Les commentateurs et les partisans du Métavers le décrivent comme une sorte d'"étendue virtuelle" qui existe en dehors des limites du quotidien. Bien qu'ils affirment qu'il possède un niveau de permanence similaire à celui du "monde réel", il offre aussi un univers qui le dépasse. Autrement dit, le Métavers se présente comme un univers étendu, ou une réalité étendue, au-delà de celle que nous connaissons actuellement. On le considère comme une autre dimension ajoutée à la réalité physique. Les passionnés de technologie s'enthousiasment à l'idée que la persona physique d'un individu et sa persona numérique vont fusionner en une identité unifiée. La vision technologique imagine qu'au sein du Métavers, les gens vivront des « méta-vies » en prolongeant leurs modes de vie ; les possessions virtuelles donneront un nouveau sens à la propriété ; et le désir de biens physiques dans le monde réel se transformera en engouement pour des commodités virtuelles achetées via des *jetons non fongibles* (Non Fongible Token), des *Zucker Bucks* et autres formes d'échange numérique. L'espoir technologique est que le Méta espace devienne le nouveau terrain de jeu pour les vacances, alors que les "staycations" (les gens restent chez eux pendant les vacances) se métamorphoseront en "métacations". La propagande hors ligne subira un relooking sur Madison Avenue pour être rebaptisée "gamevertising", reconnaissant la méta-vie comme un jeu. Les industries méta médicales feront la promotion d'un nouveau régime de santé axé sur le bien-être connecté, où la déconnexion entraîne la nouvelle aliénation et la perte de la modernité. La vie hors ligne continuera d'offrir une réalité plus tangible que celle du Métavers, même si elle sera moins valorisante. Pour beaucoup, la vie dans le Métavers semblera plus immersive que l'expérience de vie physique ; et finalement, elle sera plus convoitée, plus possessive et plus soucieuse du statut. Se conformer à un consensus de réalité ne posera plus de problème, car les habitants du Métavers pourront s'adapter à n'importe quoi et à n'importe quelle réalité.

L'intention technologique derrière le Métavers vise à en faire une réalité immersive et englobante qui offre une alternative à la réalité physique, et qui pourrait un jour la remplacer. Il fournira un environnement incarné permettant à son prédécesseur – "l'Internet des Objets" – d'évoluer vers "l'Internet des Corps", "l'Internet des Humains" et "l'Internet des Sens".[3] Étant donné qu'il s'agira d'un univers technologique largement conçu par des techniciens soutenus par des élites, il semble évident pour les observateurs que le Métavers fait partie de l'agenda de la Quatrième Révolution Industrielle du World Economic Forum, qui cherche à mettre en œuvre une gouvernance technocratique en redéfinissant le rôle des identités humaines et de la société humaine. Le rôle de la société actuelle pourrait bientôt devenir secondaire alors que les gens grandissent dans un monde où les méta sociétés représentent la nouvelle structure sociale et les nouveaux terrains d'entraînement. Pendant que les méta-élites se battent pour le vol spatial et la vie hors de la Terre, le reste de l'humanité se retrouvera à errer dans l'évasion existentielle du Métavers.[4] Une méta-réalité contenue sera présentée comme une solution et une échappatoire à leurs maux terrestres. Un environnement pseudo-surveillé et contrôlé se parera des atours d'une nouvelle fausse liberté.

Lorsque le Métavers s'insérera comme une extension de notre réalité actuelle, nous subirons une rupture – une transgression – dans le développement humain. La trajectoire de l'évolution humaine sera presque irréversiblement affectée, un nouveau chemin s'ouvrira. Connecter l'être humain à une immersion prolongée dans les royaumes numériques ne représente pas une "fusion", mais une dissociation de l'être humain par rapport à son corps et donc à son véhicule de réceptivité et de transmission sacrée : il s'agit d'une séparation de la Source. Et cela, comme je l'ai soutenu tout au long de ce livre, constitue le jeu de l'Inversion : un état de dislocation. Dans ce déplacement, nous évoluerons dans le ventre désenchanté du gnosticisme noir.

Les dessous du gnosticisme

On peut nous amener à croire que le Métavers est un espace agnostique, mais la vérité cachée révèle qu'il s'agit d'un royaume gnostique profondément sombre où les forces entropiques du matérialisme créent un enchantement mortel. À l'instar de la vision gnostique de l'écrivain Philip K. Dick (voir le chapitre trois), le créateur de ce pseudo-royaume représente le faux dieu/Demiurge qu'il qualifie "d'artefact". Cet artefact créatif construit une réalité artificielle – un monde projeté – qui se révèle "impitoyablement déterministe et mécanique"[5]. Pour les gnostiques, le monde matériel était intrinsèquement mauvais, et la tâche de l'humanité consistait à s'en échapper. Certains pourraient soutenir que le Métavers ne fait pas partie du monde matériel parce qu'il est principalement numérique, mais cette affirmation constitue une erreur. Comme nous l'avons déjà évoqué, il s'agit d'un stratagème visant à nous tromper en reterritorialisant la matérialité. Le Métavers représente une couche plus profonde dans le rêve du monde matériel. Tout comme dans le film *Inception* (2010), où les protagonistes plongent dans des couches de plus en plus profondes du monde des rêves, le Métavers constitue également une couche plus profonde au sein d'un monde artificiel construit à partir des configurations matérielles de la technologie informatique. Dans cette construction de réalité du Métavers, il devient difficile de discerner les desseins de contrôle et les techniques qui font partie du Demiurge, cet artefact d'erreur et de fausseté. La conscience humaine se redirigera par la distraction vers un royaume de réalité inférieure étendue, s'éloignant ainsi à la fois du monde naturel et de la perception de la Grande Réalité. Autrement dit, la conscience sera surveillée, stimulée et influencée par son incorporation dans le monde méta-corporatif. Nous pourrions tout aussi bien le nommer dès maintenant "Conscience Incorporée" (Meta Inc.). L'imagination créative représente le domaine du potentiel humain ; elle stimule les idées visionnaires, l'innovation et le développement inspirant. Cependant, lorsque l'imagination humaine se nourrit d'entrées de données, d'informations sélectionnées et d'artefacts arrangés – "l'architecture du choix" du contrôle du comportement – elle devient une imagination dense. Selon Rudolf Steiner, les imaginations densifiées ne possèdent pas de caractère visionnaire car elles sont alourdies par une matérialité terrestre. Elles correspondent davantage à des influences dévolutives et entropiques – des esprits du matérialisme – que Steiner qualifie de forces ahrimaniennes.[6] De plus, une imagination dense et la déterritorialisation de soi entraînent la perte de la volonté personnelle et de l'intention authentique. La capacité de volonté et d'intention focalisées constitue un aspect crucial d'un individu libre et souverain. Si l'individu n'utilise pas ses capacités ni ses pouvoirs, d'autres risquent de les exploiter à leur profit. L'autocontrôle et l'exercice de la volonté sont fondamentaux pour le développement de l'humanité.

L'accélération vers des mondes construits par l'IA et leurs techno-infrastructures s'éloigne de l'évolution humaine qui devrait mener vers la conscience de la Source. Cette polarité, cette dichotomie, se manifeste aussi dans l'Inversion à travers le thème du transhumanisme. L'erreur du matérialisme réside dans l'idée que l'encapsulation continue de l'être humain dans des constructions artificielles constitue une tromperie de plus en plus profonde sur la matérialité. Cette immersion croissante dans le matérialisme est précisément ce contre quoi le gnosticisme nous met en garde. Dans le contexte présent, se dématérialiser en s'éloignant du corps n'est pas un chemin qui nous éloigne de la matérialité, mais une transgression supplémentaire dans le champ de confinement des constructions artificielles. Le héros handicapé d'*Avatar* (2009) illustre la nature imparfaite des corps physiques humains et la nécessité de transmigration vers d'autres formes corporelles. Ce cocktail transhumaniste représente l'un des aspects les plus purs du matérialisme concentré. Cela entraîne une profonde et mortelle désillusion. Dans un monde post-pandémique, où la vie se vit à travers Zoom, nous entrons dans une époque où le contact humain est remplacé par des interactions technologiques. Grâce à notre exosquelette numérique, nous sommes tentés d'embrasser un nouveau royaume gnostique opulent. Ce royaume voit le Métavers se déguiser en nouvelle mode, tandis que le Demiurge-Artefact joue le rôle de créateur de mode. Avec le temps, un nouvel espace numérique divin pourrait se former, où les gens deviennent leurs propres dieux, vêtus d'avatars super-puissants et brillants, tandis que leur système nerveux biologique se reconfigure pour laisser le corps humain derrière eux. Cela réalisera le plus grand rêve des élites technologiques : la séparation et l'aliénation de toute impulsion transcendante authentique. L'Inversion représente un rêve de déconnexion, un état où l'on n'a plus de contact direct avec la Source de notre être, avec l'Origine. Voilà la nature du monde miroir contrefait du Métavers. Avec le Métavers, nous nous trouvons piégés dans un enchantement mortel. Tel est le pouvoir de l'Inversion.

Enchantement mortel

Les incertitudes et les insécurités existentielles de la vie matérielle servent de tremplin pour persuader les gens d'accepter une dislocation de leur forme physique (ce qui entraîne finalement une déterritorialisation et une perte de soi). Ce conditionnement matériel et cet endoctrinement introduisent un élément mécanique qui écarte la perception de la réalité extra-dimensionnelle. L'évolution humaine naturelle, qui vise à connecter les fonctions supérieures de l'esprit avec la Grande Réalité, s'affaiblira et se réduira considérablement, voire disparaîtra complètement. Un avenir authentique pour l'être humain doit s'aligner sur un élan de développement qui maintienne une correspondance avec une réalité transcendante au-delà de la forme. Le Métavers ne peut qu'en éloigner les gens. Cette promesse d'une utopie numérique représente une stratégie de sabotage déguisée. À travers l'enchantement, l'être humain se retrouve de plus en plus piégé dans une construction artificielle et trompeuse. C'est dans cet espace que se déroulera la contestation cosmologique entre une trajectoire évolutive naturelle et un chemin de dévolution artificielle. Une immersion plus profonde dans le monde électro-digital de l'Inversion ne va pas seulement créer une dislocation spirituelle, elle contribuera aussi à une perte potentiellement permanente au sein de la patrie intérieure de l'être humain. Cela nous amène à la question de ce qui alimente, ou traverse, l'impulsion machinique : l'électricité.

L'une des découvertes technologiques les plus marquantes de notre époque récente a été l'électricité. Le mot "électricité" est apparu pour la première fois dans la langue anglaise lors d'une traduction en 1650 d'un traité sur les propriétés curatives des aimants, écrit par Jan Baptist van Helmont, un médecin flamand et rosicrucien qui évoluait à la frontière entre la magie naturelle et la chimie moderne. De nombreux livres et traités sur les débuts de l'électricité décrivaient cette force en des termes distinctement alchimiques, utilisant des appellations telles que "feu éthéré", "feu quintessentiel" ou "desideratum". Aujourd'hui, nous tenons pour acquis que presque tout ce que nous utilisons est branché sur un réseau électrique invisible. Nous prêtons peu ou pas attention à la manière dont nos appareils électroménagers produisent des champs électromagnétiques qui s'intègrent à d'autres champs invisibles, formant ainsi un écosystème d'électro-énergies. Ces énergies appartiennent à la sous-nature. Elles font partie de l'existence vivante, mais représentent une forme de vibration de vie inférieure. Rudolf Steiner affirmait que l'électricité est de la lumière dans un état sub-matériel. Autrement dit, il s'agit d'une forme de lumière qui a chuté en dessous du niveau de la nature et est devenue ce qu'il appelait "sous-nature". C'est pourquoi Steiner mettait en garde l'humanité contre le risque de construire des cultures dépendantes de l'électricité. Un écosystème électrique ne servira qu'à nous éloigner de notre écosystème naturel et à nous faire entrer dans un état vibratoire inférieur de la sous-nature. Dans une conférence de 1925, Steiner déclarait :

> "Il y a encore très peu de personnes qui ressentent la grandeur des tâches spirituelles qui attendent l'homme dans cette direction. L'électricité, par exemple, célébrée depuis sa découverte comme l'âme même de l'existence de la Nature, doit être reconnue dans son véritable caractère, dans son pouvoir particulier de faire descendre de la Nature à la Sous-Nature. L'homme lui-même doit veiller à ne pas glisser vers le bas avec elle"[7].

Rudolf Steiner a déployé bien des efforts pour décrire les différentes forces qui s'opposent au développement de l'humanité. Il a qualifié l'une de ces forces de "luciférienne", dont l'objectif était de rompre le lien entre le monde humain et le royaume spirituel. Les autres forces, qu'il a nommées "ahrimaniennes", visaient à attirer l'humanité dans leur domaine, c'est-à-dire à plonger les êtres humains dans un enchevêtrement matériel profond.

Ce qui rend l'observation de Steiner centrale pour cette exploration de l'inversion, c'est qu'il a peut-être été la première personnalité (chercheur spirituel) à faire publiquement référence à l'électricité en tant que sous-nature, et à sa relation possible avec les forces entropiques (négatives). Il a spécifiquement mis en lumière le lien entre les impulsions anti-développementales (ahrimaniennes) et les forces de l'électricité et du magnétisme générés, qui constituent les mêmes processus énergétiques sur lesquels reposent les technologies de l'information et de l'informatique.

Tout comme l'électricité, la lumière se trouve fortement compressée dans une construction sub-matérielle. Les qualités intrinsèques de la lumière naturelle se déforment en une forme artificielle, inférieure à son état original. De cette déformation naissent les technologies humaines ; la technologie utilise des énergies naturelles condensées en états sub-naturels, c'est-à-dire artificiels. Selon le chercheur anthroposophique Paul Emberson :

> "En résumé, la technologie représente le domaine de l'activité humaine dans lequel nous transformons les substances et les forces du monde minéral extérieur, leur donnant de nouvelles structures, mouvements, propriétés et finalités, en

accord avec nos idées, nos intentions et le destin de notre race[8]".

Grâce à la technologie, l'être humain externalise sa propre nature, manifestant une expression à travers des créations matérielles. On peut percevoir ces créations extérieures comme des projections de la nature d'une personne. Les évolutions technologiques refléteront les changements qui se produisent chez les êtres humains eux-mêmes. Cependant, étant donné que l'être humain est pris dans l'Inversion et s'empêtre de plus en plus dans la matière physique, ces créations technologiques (*expressions*) ne proviendront pas d'un lieu de pure conscience. Les développements et processus technologiques actuels ne sont pas seulement l'expression de nos souhaits et désirs − de l'ego humain − mais aussi des manifestations d'une impulsion machinique qui traverse l'humanité à travers son incarnation dans cette réalité d'Inversion. En d'autres termes, les forces qui opèrent au sein de l'Inversion peuvent s'exprimer par le biais de la technologie, car ces technologies sont des créations extérieures d'une humanité à travers laquelle ces forces agissent également.

La technologie sert aussi de moyen intermédiaire pour permettre à l'humanité d'accéder à d'autres forces et réalités. Si nous examinons certaines des innovations technologiques les plus récentes, nous constatons qu'il existe un potentiel marqué pour réaliser plus que de simples opérations de traitement dans cette réalité actuelle. Par exemple, l'informatique quantique utilise les propriétés des états quantiques. Comme l'a découvert la science quantique, des états tels que l'intrication et la superposition, ainsi que le concept de particule-onde, montrent une correspondance avec un vide quantique sous-jacent ou un champ unifié quantique. Ce champ unifié est aussi lié au champ de point zéro à partir duquel la réalité matérielle se manifeste. Autrement dit, la science quantique se connecte à un domaine énergétique au-delà de l'espace-temps. Dans ce domaine, il existe d'autres dimensions et d'autres réalités ; de nombreux scientifiques quantiques sont conscients de ce potentiel. David Deutsch, un physicien britannique, pionnier dans le domaine de la physique quantique, a déclaré en 2005 : "L'informatique quantique... sera la première technologie permettant d'effectuer des tâches utiles en collaboration entre des univers parallèles"[9]. De même, Geordie Rose, le fondateur de D-Wave Systems, qui a créé l'ordinateur quantique D-Wave, a exprimé des idées similaires lors d'une conférence :

> *"La science a atteint un point où nous pouvons construire des machines capables d'exploiter ces autres mondes... Les ombres de ces mondes parallèles se superposent aux nôtres et, si nous sommes assez intelligents, nous pouvons plonger dans ces mondes, saisir leurs ressources et les ramener dans le nôtre pour créer un impact dans notre réalité".*[10]

Plus tard, Geordie Rose a avoué qu'en se tenant à côté de son ordinateur quantique, "cela ressemble à un autel dédié à un dieu extraterrestre". Mais comment une personne peut-elle distinguer un "dieu extraterrestre" d'un démon ? L'humanité se débat avec ce dilemme depuis des millénaires. À peu près à la même époque, en 2014, le PDG de Tesla, Elon Musk, mettait en garde contre les dangers et les risques élevés des technologies avancées, comme l'intelligence artificielle. Il a fait cette déclaration célèbre: "Avec l'intelligence artificielle, nous invoquons le démon. Dans toutes ces histoires où on trouve le gars avec un pentagramme et de l'eau bénite, eh bien oui, il est sûr de pouvoir contrôler le démon. Ça n'a pas marché".[11] Autre exemple, parmi tant d'autres, évoquons le grand collisionneur de hadrons de l'Organisation européenne pour la recherche nucléaire (CERN), que beaucoup considèrent comme un moyen d'accéder à d'autres dimensions. Lors d'un briefing avec des journalistes, Sergio Bertolucci, directeur de la recherche et du calcul scientifique au CERN, a déclaré : "De cette porte, il pourrait sortir quelque chose, ou bien, à travers elle, nous pourrions envoyer quelque chose".[12]

Le schéma qui émerge ici montre qu'à travers la technologie, l'humanité ouvre la possibilité d'établir des correspondances avec d'autres forces et d'autres royaumes. Cependant, il est essentiel de prendre en compte l'état intérieur de l'être humain, car nous ne traitons pas uniquement des événements externes. Lorsque la nature inférieure de l'humanité entre en contact avec ces forces qui dépassent la réalité physique actuelle, une relation néfaste peut se manifester. Comme l'affirment les sciences occultes, c'est souvent à la nature inférieure de l'être humain qu'on fait appel pour établir des alliances et des liens malsains.

L'humanité se retrouve désormais face à des technologies qui transcendent les limites connues de l'espace et du temps physiques. Ces technologies ne s'introduisent pas dans un vide, mais dans une réalité matérielle peuplée principalement de formes de vie à base de carbone, à travers lesquelles circulent des énergies conscientes et inconscientes. À ce jour, nous n'avons pas seulement une compréhension limitée des effets sur le système nerveux biologique et la conscience humaine ; nous n'avons pas non plus de réelle appréhension de l'impact que cela aura sur le développement intérieur de l'humanité. Le grand défi auquel l'humanité fait face en entrant dans l'avenir réside dans la gestion de sa relation, et de son intégration croissante, avec la technologie, en particulier en ce qui concerne la présence de *l'impulsion machinique*. Ce qui est clair, c'est que pour Steiner et ses collègues chercheurs en sciences spirituelles, ces nouvelles technologies sont porteuses d'un poids métaphysique considérable. En outre, la négativité potentielle que ces technologies et leurs forces exercent sur l'humanité peut être absolument nécessaire à la poursuite du développement de l'humanité. Les raisons pour lesquelles il en est ainsi seront examinées au chapitre suivant.

References

[1] Voir La condition postmoderne de Jean-François Lyotard : Rapport sur la connaissance (1979) de Jean-François Lyotard

[2] https://www.matthewball.vc/all/forwardtothemetaverseprimer (consulté le 31 août 2022)

[3] https://www.thelastamericanvagabond.com/great-narrative-metaverse-part-2-will-metaverse-end-human-freedom/ (consulté le 31 août 2022)

[4] un scénario alternatif de monde off-on a été présenté dans le film Elysium (2013)

[5] Philip K. Dick, "Cosmogeny and Cosmology", in The Shifting Realities of Philip K. Dick : Selected Literary and Philosophical Writings, ed. Lawrence Sutin (New York : Vintage Books, 1995).

[6] "Le mouvement occulte au XIXe siècle" - https://wn.rsarchive.org/Lectures/GA254/English/RSP1973/19151018p01.html

[7] Rudolf Steiner, "De la nature à la sous-nature", Anthroposophical Leading Thoughts - https://wn.rsarchive.org/Books/GA026/English/RSP1973/GA026_c29.html

[8] Paul Emberson, Machines and the Human Spirit (Écosse : The DewCross Centre for Moral Technology, 2013), 12.

[9] Discours prononcé lors d'un Ted Talk en 2005

[10] Discours prononcé lors d'une conférence à Ideacity en 2015 - https://youtu.be/PqN_2jDVbOU (consulté le 31 août 2022)

[11] https://www.washingtonpost.com/news/innovations/wp/2014/10/24/elon-musk-with-artificial-intelligence-we-are-summoning-the-demon/ (consulté le 31 août 2022)

[12] https://www.theregister.com/2009/11/06/lhc_dimensional_portals/ (consulté le 31 août 2022)

CHAPITRE DIX

L'ÉVOLUTION STAGNANTE (L'INFLUENCE DES FORCES ENTROPIQUES)

"Les médecins matérialistes seront chargés d'expulser les âmes de l'humanité".

Rudolf Steiner, conférence du 7 octobre 1917

"Ne craignez pas ceux qui peuvent tuer le corps sans tuer l'âme. Craignez plutôt celui qui peut détruire à la fois l'âme et le corps dans la vie après la mort."

Évangile de Matthieu (10-28)

Jusqu'à présent, j'ai présenté l'impulsion machinique comme une force qui accélère l'automatisation de l'être humain et de la vie sur cette planète. L'impulsion machinique correspond aux forces du matérialisme. Ces forces matérielles propagent une impulsion et une influence qui, si elles dépassent leur fonction nécessaire, peuvent mener à l'entropie et à la décomposition. Le matérialisme a ses avantages, mais seulement jusqu'à un certain point. Certains reconnaissent en lui la "Chute", une immersion profonde dans la réalité physique. Dans une certaine mesure, cette immersion dans le monde physique était nécessaire pour développer l'individualisation et percevoir l'existence en relation avec la Source. Une fois cette reconnaissance acquise, commence le "voyage de retour" vers la conscience de la Source, de l'Origine. Cependant, si une espèce reste trop longtemps sous l'emprise des forces matérialistes, il peut se produire un durcissement ou un engourdissement, qui cristallise certaines facultés et certains organes de perception, ce qui amène à une stagnation évolutive. Ainsi, la stagnation de l'évolution peut résulter d'une influence excessive des forces entropiques. Le philosophe Rudolf Steiner, dans sa science spirituelle, a désigné ces forces entropiques comme *l'impulsion ahrimanienne*. Dans ce chapitre, je ferai souvent référence à cette impulsion ahrimanienne (ou aux forces d'Ahriman) pour conceptualiser les énergies de décomposition, de détérioration et de déclin.

Les forces entropiques qui existent en opposition visent à "sur-matérialiser" le matérialisme. Elles cherchent à renforcer l'intrication dans la matière physique et à créer des formes matérielles artificielles qui ne seraient pas apparues dans le cours naturel de l'évolution humaine. Il s'agit pour elles d'exercer certains pouvoirs sur le plan physique. Ceci est appliqué de manière à bloquer un renouveau de la culture humaine au-delà de l'âge présent et à l'orienter vers une nouvelle forme de matérialisme, une forme plus éthérique qui semble immatérielle (ou dé-solidifiée). Autrement dit, les domaines numériques et virtuels, bien qu'ils semblent contraires au matérialisme physique, travaillent en réalité à approfondir l'intrication humaine dans les forces matérielles. Nous l'avons dit au chapitre précédent, "l'erreur matérielle" consiste à dire que le domaine numérique et son extension à la réalité augmentée, et à des espaces tels que le Métavers, constituent un approfondissement du matérialisme plutôt qu'une libération vis-à-vis de celui-ci. Ces espaces numérisés, en raison de leur sens de non-physicalité, sont en réalité une manifestation éthérique du matérialisme. Ou plutôt, un royaume de matérialisme théorique (autre terme de Steiner). Le matérialisme théorique désigne une construction de la réalité qui n'a pas besoin d'être physique au toucher, mais qui repose sur une base matérielle ou relève d'une projection à partir d'une base matérielle. Dans le cadre du matérialisme théorique et régulier, l'être humain est encapsulé dans un amalgame de processus matériels. C'est aussi un monde de faits et de preuves externes dans lequel on se perd. Toute expérience de vie provient de ce royaume matériel, ce qui conditionne l'être humain à adopter une vision de la vie fondée sur des faits et à accepter qu'il n'existe pas d'autre réalité que ce monde de matérialisme et d'expérience factuelle. Toute notion d'âme ou d'esprit – l'impulsion transcendante – est soit considérée comme un sous-produit de la réalité matérielle, soit rejetée comme une notion erronée. Telle est la puissance de l'immersion dans la réalité matérielle.

Le matérialisme profond devient finalement une cosmologie de l'entropie et du déclin. Il conduit à des modes de pensée mécaniques et artificiels qui entraînent une stagnation des forces qui propulsent le développement humain. Si cette tendance se poursuit, ces forces matérialistes – l'impulsion machinique – tracent un chemin d'avancement technologique et d'évolution qui bloque davantage les forces vitales et spirituelles. Dans cette voie, l'être humain aspire à de plus grands bénéfices matériels tout en négligeant les forces humaines vitales de connexion spirituelle. Selon Steiner, notre époque actuelle concerne le développement du monde matériel ; et si l'être humain ne veut pas dégénérer totalement en un simple complice des machines, il doit trouver un chemin qui mène de l'impulsion mécanique vers une vie spirituelle.

Cependant, des forces entropiques s'opposent aux formes de "spiritualisation" (liberté intérieure) et œuvrent pour réduire, et finalement éliminer, le développement intérieur, qu'elles remplacent par un "paradis virtuel" éthéré, venu d'un autre monde où l'illusion satisfait tous les besoins. Une part de cet "hyper-matérialisme" se retrouve dans la notion d'immortalité qu'on voit émerger dans les *tropes transhumanistes*. On peut parler d'immortalité *ahrimanienne*, car elle n'œuvre pas à travers l'esprit ou l'âme, mais par une fusion avec des formes machinique en vue de prolonger l'expérience de vie physique. Elle représente une forme potentielle d'immortalité dans la sphère physique, mais pas dans la sphère métaphysique. En fin de compte, elle constitue un piège, car elle nie que l'esprit puisse se libérer intérieurement du domaine physique. Elle peut conduire l'être humain à un état de dénuement spirituel, à mesure que son contact avec la Source s'amenuise avec le temps.

Peut-être cet agenda matérialiste et transhumaniste attirera-t-il ceux qui sont déjà dépourvus d'une incarnation complète de l'esprit et de l'âme ? Autrement dit, il existe peut-être des personnes qui, bien qu'incarnées physiquement, manquent d'âme. Rudolf Steiner l'a souligné il y a cent ans :

> "… On voit apparaître en ce moment un surplus d'individus qui sont dépourvus d'egos [je], qui ne sont pas de véritables êtres humains. C'est une terrible vérité… Ils donnent l'impression d'être des humains si nous n'y regardons pas de trop près, mais ils ne sont pas humains au vrai sens du terme"[1].

Steiner nous invite à rester vigilants, car ce que nous rencontrons sous apparence humaine ne correspond pas toujours à ce qu'il parait. Il a affirmé que l'apparence extérieure peut n'être que cela : une apparence. Il a ajouté : "Nous rencontrons des individus qui ont forme humaine mais qui n'en ont que l'apparence ... en vérité, ce sont des humains avec un corps physique, éthérique et astral, mais des êtres s'incarnent en eux, des êtres qui les utilisent pour agir à travers eux"[2]. Cela signifie que les corps humains peuvent servir de vaisseaux pour d'autres êtres.

Cette réalité nous fait comprendre que le "monde de l'esprit" – l'occulte – ne correspond pas toujours à ce que nous croyons. En effet, des acteurs et des forces exercent une grande influence dans le monde physique. Certaines de ces influences se manifestent à travers la présence de certains individus qui semblent "normaux" en apparence. Dans cette perspective, c'est une forme de spiritualité tout autre qui opère dans l'humanité contemporaine, ce que je désigne comme étant *l'Inversion*. On peut en déduire que certains groupes de pouvoir, ainsi que leurs membres, subissent l'influence (et peut-être la domination) d'une espèce non humaine (forces entropiques) qui vise à mettre en œuvre des objectifs non humains. Ces groupes et ces individus affichent un manque d'"âme", d'empathie, de compassion ; ils manifestent des tendances quasi sociopathes. Mais en même temps, ils peuvent se montrer particulièrement charismatiques, ils peuvent exercer une grande influence sur les autres, notamment à travers leurs mots et leurs discours, tout en étant eux-mêmes figés émotionnellement. Il suffit d'un coup d'œil rapide sur les actions de nombreux dirigeants en place, politiciens, chefs d'entreprises, institutions financières, etc., pour constater que leurs comportements ou leurs intentions sont sans âme. Au contraire, beaucoup parmi eux semblent déterminés à restreindre les libertés humaines, la souveraineté et l'autonomisation intérieure. Si Steiner était vivant aujourd'hui, il dirait sans doute que ce que nous observons actuellement sur le plan physique constitue un acte de *terraformation* sans âme de la planète et une manipulation visant à contrôler l'expérience de vie humaine à l'aide de forces néfastes aux objectifs et aux intentions antihumains.

De plus, ces êtres pourraient bien être motivés dans leurs actes par le désir d'empêcher la connexion des humains avec leur impulsion spirituelle intérieure. Par toutes sortes d'interventions, ils s'efforceraient de détourner les gens de la notion de réalité métaphysique et de leur connexion inhérente à la Source (ou à un domaine d'intelligence vitale consciente au-delà de la réalité matérielle). A l'extrême, ces acteurs pourraient même cibler le corps bio-psycho-humain en vue de saboter le vaisseau pour le rendre impropre à l'incarnation de l'âme et de l'esprit. Qu'espèrent-ils d'autre ? A nouveau, Rudolf Steiner nous dit : "Leur objectif consiste à cantonner la vie tout entière au seul niveau économique, à éradiquer peu à peu tout ce qui fait partie de la vie intellectuelle et spirituelle, à éradiquer la vie spirituelle précisément là où elle est la plus active… pour tout engloutir dans l'économique"[3]. Ces forces entropiques, que Steiner appelle *ahrimaniennes*, détournent l'humanité de son potentiel évolutif et de sa source de développement en introduisant des mécanismes et des processus de stagnation et de décomposition. Pour ce faire, elles ont établi une construction matérialiste et mécanique spécifique de la vie, sur la base d'un dogme rationnel, matérialiste et scientifique. Telle est l'impulsion qui imprègne aujourd'hui le mode de l'Inversion. Notre réalité inférieure s'est inversée en un territoire acclimaté aux forces ahrimaniennes et entropiques.

Décrivons cet "environnement ahrimanien" : il cultive des nationalismes antagonistes et des frictions autour d'ethnicités et d'identités raciales divisées ; une politique de partis polarisée et des tensions politiques ; la soumission de la vie culturelle au pouvoir économique ; la mécanisation de l'industrie et de la vie moderne ; la censure culturelle et le politiquement correct fabriqué ; les confusions d'identité ; la division sociale et l'effondrement des alliances sociales ; la santé industrialisée et mercantile ; les statistiques scientifiques et les données empiriques ; la recherche de profit par les entreprises et les intérêts corporatifs puissants ; l'automatisation croissante et l'artificialité de la vie humaine ; la domination économique ; la négation de toutes les véritables traditions spirituelles ; la montée de la technocratie et des formes de gouvernance technocratiques ; la gestion sociale et la surveillance croissantes des populations ; la standardisation des divertissements et des événements culturels ; la vision du monde dominante de la mécanisation sur l'organique ; l'immoralité accrue ; la perte de valeurs et de traditions ; et bien plus encore. Steiner s'est également montré explicite en affirmant que l'aspect le plus dangereux d'Ahriman réside dans le fait que cette présence passe inaperçue, car elle cherche à se cacher. Il a ajouté : "… pensez à tout ce qui nous écrase sur terre, qui nous rend ternes et philistins, nous conduit à développer des attitudes matérialistes, nous envahit d'un intellectualisme desséché, etc. : vous avez-là une image des pouvoirs ahrimaniens[4]". Pour beaucoup, ce progrès matérialiste semble contraire aux notions de stagnation et de décomposition. C'est ici que l'intelligence rusée et desséchée des forces entropiques montre sa force. Ces "forces ahrimaniennes" cherchent à bloquer l'évolution en stimulant une certaine forme de progrès : l'accélération de tous les modes de processus mécaniques. Il suffit de jeter un bref coup d'œil aux événements actuels : presque tout est accessible 24 heures sur 24, 7 jours sur 7 ; des distractions continues via des appareils en ligne ; des projets à court terme ; la pression pour des résultats rapides, etc. Les forces ahrimaniennes organisent délibérément cette accélération pour empêcher l'être humain de développer et de mûrir son moi intérieur, et pour le bloquer dans sa relation pleinement consciente avec les impulsions de développement. Ces forces fabriquent des gens superficiels, dépourvus de vie intérieure, qui agissent et pensent en automates et s'alignent avec une société à la mentalité mécaniste.

On assiste donc à une poussée délibérée qui voudrait accélérer les choses avant l'heure. Il en résultera un nouveau déséquilibre. La liberté individuelle et l'autonomie de la vie intérieure font partie de l'héritage inné de l'humanité ; cependant, des forces opposées agiront pour frustrer, ralentir et même bloquer le développement humain. Un aspect de ces forces agit à travers des illusions et des fantasmes (Métavers), tandis que d'autres visent à plonger l'humanité dans un matérialisme plus profond (automatisation, transhumanisme). Dans ce mélange, nous voyons le fantasme vide mêlé à l'esprit automatisé. La finalité de ces forces entropiques est une culture sombre et matérialiste. Dans cette culture profondément matérialiste, toute trace d'êtres humains libres et individualisés sera ciblée et érodée. Ici, l'objectif consiste à détourner l'être humain du développement d'une conscience individualisée et à l'intégrer à des masses dociles, une sorte de pseudo-humanité. Ces forces peuvent aussi représenter la nature inférieure de l'humanité, exprimée égoïstement à travers des cultures commerciales et consuméristes, peuplées de personnalités superficielles. C'est le regard tourné vers l'extérieur à la recherche des buts matériels et qui nie l'esprit intérieur et l'expansion de la conscience. Les personnes profondément engoncées dans le matérialisme affichent une "conscience ahrimanienne". Les formes sociales d'individualisation se manifestent plutôt par des désirs égoïstes et individualistes. La montée de ces forces entropiques dans nos sociétés se manifeste par le succès croissant des mots creux. La communication profonde se délite en émoticônes, abréviations, messages éclairs, slogans et autres tweets. Les mots et le langage se trouvent submergés par des forces subconscientes, ce dont les gens ont de moins en moins conscience. On dit que les démons du matérialisme s'expriment à travers des mots creux.

En même temps, il faut bien reconnaître que tel est l'état actuel de la réalité de l'Inversion ; c'est une phase qu'il nous faut traverser. Nous ne pouvons pas ignorer qu'il nous faut apprendre à vivre parmi ces forces entropiques avant de pouvoir les contourner, car telles sont les conditions de notre époque. Cependant, nous devons trouver la bonne manière d'aborder ces forces sans nous laisser submerger ni engloutir par elles. Ce qu'il faut pour contrer les forces ahrimaniennes, c'est de la persévérance et de la constance, un objectif et un développement à long terme. Nous devons être conscients que les forces qui agissent contre nous cherchent à orienter l'intelligence humaine vers une simple ingéniosité intellectuelle, guidée par des passions et des désirs de bas étage, et de plus en plus déconnectée d'une réalité transcendante et métaphysique. Voilà qui constitue le véhicule idéal pour les forces entropiques : un intellect pur, sec et mécanique. Si cela ne se réalise pas avec l'humanité actuelle, alors on tentera de le faire par le biais d'un développement machinique ou robotique. Voilà ce qui relie ces forces à la lumière artificielle de l'électricité.

QUE LA LUMIÈRE SOIT

Au chapitre précédent, j'ai mentionné que Rudolf Steiner considérait l'électricité comme une force de sub-nature, correspondant donc à des forces entropiques (négatives). Steiner a affirmé que les impulsions anti-développementales (ahrimaniennes) sont liées aux forces de l'électricité générée par l'homme, qui reposent sur les mêmes processus énergétiques que ceux de nombreuses technologies actuelles. Il dit :

> "Nous devons être très clairs à ce sujet : à l'époque où il n'y avait pas de courants électriques, pas de fils électriques bourdonnant dans les airs, il était plus facile d'être humain. En ce temps-là, ces forces ahrimaniennes n'étaient pas présentes, pour nous dépouiller constamment de notre corps, même à l'état d'éveil. Les gens n'avaient pas besoin de tant d'efforts pour approcher l'esprit. C'est pourquoi il est nécessaire aujourd'hui de rassembler des forces spirituelles bien plus fortes qu'il y a cent ans pour simplement rester humain"[5].

Cet avertissement, donné il y a un siècle, prend tout son sens aujourd'hui, au moment où l'humanité se trouve plus enchevêtrée que jamais dans des forces mécaniques. On nous dit que ces forces entropiques parviennent à entrer dans cette dimension par le biais de l'électricité, qui représente une lumière en décomposition. Une infrastructure mécaniste pourrait ainsi servir de véhicule – de "corps" – à ces forces non humaines. De même, dans la culture arabe et islamique, le concept de djinn, esprit maléfique, est bien connu. À tel point que le Coran, livre sacré de l'Islam, mentionne plusieurs fois leur pouvoir et leur malveillance. Dans l'histoire des djinns, on les décrit souvent comme des êtres de "feu sans fumée", ce qui, en langage moderne, pourrait s'apparenter à des êtres électriques. Ces êtres, ces forces, qu'ils soient maléfiques, ahrimaniens ou djinns, semblent être en lien avec une forme de technologie atomisée, alimentée par le mouvement des atomes ; voilà qui devrait nous inciter à la prudence, car la vie moderne sera bientôt entièrement électrifiée. Une civilisation technique et technologique constituerait un domaine idéal pour que ces forces entropiques exercent leur domination et agissent pour contrer les impulsions de développement de l'évolution humaine. Encore une fois, Steiner s'exprime à ce sujet :

> "Dans l'ère de la science technique, l'humanité a perdu la possibilité de trouver une véritable relation avec la civilisation ahrimanienne. Elle doit puiser dans sa force intérieure et sa connaissance pour ne pas être dominée par Ahriman dans cette civilisation technique. Il est essentiel de comprendre la sub-nature pour ce qu'elle est réellement. L'individu ne peut le faire que si, dans la connaissance spirituelle, il s'élève au moins aussi haut dans la super-nature extra-terrestre qu'il a su descendre dans la science technique, dans la sub-nature. L'époque exige une connaissance qui transcende la nature, car dans sa vie intérieure, elle doit faire face à un contenu de vie qui a sombré bien en dessous de la nature – un contenu de vie dont l'influence est périlleuse... "[6]

Steiner nous pousse à développer notre compréhension des questions spirituelles afin de ne pas devenir la proie de ces forces sub-naturelles qui ont accru leur présence en cette phase technique du développement humain. On pourrait se demander pourquoi ces forces sont tellement présentes depuis le début du 20e siècle. Un peu par hasard, ou en correspondance, Steiner a indiqué l'année 1879 comme le moment où certaines forces négatives ont été expulsées de leur dimension pour pénétrer dans la réalité inférieure de la Terre (et donc dans l'Inversion). En examinant de plus près l'année 1879, nous découvrons aussi que Thomas Edison, inventeur de la génération d'électricité, a déposé son brevet pour la lampe électrique le 4 novembre 1879 (brevet américain 223 898), qui a été accordé le 27 janvier 1880. Edison a réalisé la première démonstration publique de son ampoule à incandescence le 31 décembre 1879 à Menlo Park. On nous dit que la lumière artificielle porte l'impulsion négative des forces ahrimaniennes et entropiques.

Steiner a également révélé le fait occulte qu'à partir de 1879, le corps éthéré humain se détache de plus en plus du corps physique, ouvrant ainsi la possibilité de nouvelles facultés de perception, telles que les pouvoirs psychiques. Cependant, cette capacité et ce potentiel se heurtent à des forces contraires, notamment par l'utilisation de la peur et de l'insécurité. Dans l'état actuel de l'Inversion, il semble que des forces négatives tentent d'infiltrer le corps humain tout en cherchant à s'exprimer à travers l'écosystème machinique. De plus, certains spéculent que l'augmentation du matérialisme dans la vie physique durcit le corps éthéré, de sorte qu'il ne se dissolve pas après la mort mais reste près de la Terre plus longtemps. Ce corps éthéré pourrait servir de véhicule ou d'hôte pour ces forces ahrimaniennes, permettant à ces enveloppes sans âme de rester définitivement liées à la dimension terrestre et de ne pas pouvoir avancer. Autrement dit, des entités peuvent trouver des "corps" – ou un domicile – pour exercer leur influence sur cette dimension. Cette situation pourrait se refléter sur Terre à travers le transhumanisme si les corps physiques ne peuvent pas mourir complètement, fournissant ainsi un corps hôte pour ces entités, directement dans le domaine physique et matériel. Il semblerait qu'un monde artificiel, ou un royaume, soit en cours de développement – c'est-à-dire que notre monde actuel est en train d'être *terraformé*, pour accueillir ces forces qui sont moins adaptées à un environnement organique à base de carbone. Voilà qui incite à la réflexion face à un monde qu'on critique pour son excès de carbone et aux efforts actuels vers le zéro carbone.

Si cet objectif d'un domaine entièrement mécanique et matériel venait à se réaliser, les impulsions de développement de la Source pourraient se couper de l'évolution humaine. L'ahrimanique pur dominerait cette sphère. Sachant cela, on comprend que la mécanisation croissante de la civilisation humaine est sous l'influence d'Ahriman. Comme le dit Rudolf Steiner : "L'humanité est confrontée à un destin où le corps peut être rempli de pouvoirs démoniaques ahrimaniques "[7]. Le domaine purement ahrimanien dominerait alors cette sphère. Dans cette optique, on voit comment la mécanisation croissante de la civilisation humaine est sous l'influence ahrimanienne. Rudolf Steiner l'a commenté ainsi : "L'humanité fait face à un destin où le corps pourrait être rempli de pouvoirs démoniaques ahrimaniens". La destruction continue du monde naturel et organique ouvre la voie à un remplacement par des forces entropiques ahrimaniennes, où une civilisation machinique (basée sur l'impulsion machinique) construirait un tout nouveau royaume technocratique et automatisé. Lorsque les écosystèmes de la nature se décomposent et se réduisent à des systèmes matériels, les éléments constitutifs des structures artificielles – des structures dépourvues de vie – se mettent en place, permettant l'incarnation et l'expression d'êtres et de forces anti-évolutionnaires. Cela produirait finalement un tout nouveau domaine d'existence.

Les temps présents sont hyper-matérialistes et dominés par l'intellect. Cela crée un esclavage de la pensée humaine où la liberté d'expression, l'imagination humaine et l'intuition sont fortement contrôlées et soumises à la surveillance, à la gestion et à l'administration technocratique. Si cela continue, il est probable que l'espèce humaine, sans en avoir conscience, perde la capacité de penser véritablement et sincèrement. Le monde intérieur se réduira, et toute impulsion de développement sera écrasée par des forces matérielles. L'Inversion aura totalement achevé son renversement par rapport au royaume de la Vérité Supérieure. Cela pousse les individus conscients aujourd'hui à maintenir la connexion entre le royaume transcendant et le monde physique. Il faut qu'une correspondance vivante reste toujours maintenue dans le royaume terrestre. C'est le lien vital qui permet aux forces de développement d'opérer dans la sphère physique à travers la matérialité elle-même. La seule façon de traverser cette époque consiste à confronter les forces entropiques tout en étant dans le monde, en les surmontant et en les transformant.

Les temps sont proches où les humains retrouveront l'accès à des capacités psychiques – telles que la clairvoyance – qui faisaient autrefois partie de leur héritage naturel. Cela se produira à nouveau dans le cadre du développement naturel de l'humanité. Mais les forces ahrimaniennes veulent l'empêcher en poussant l'humanité à un matérialisme toujours plus profond. Cette dérive se manifestera à travers une montée de la pensée pseudo-intellectuelle, de la fausse vérité, des pseudo-vérités et de la perte de discernement. La prévalence des forces entropiques cherchera à bloquer l'évolution de l'humanité et à l'orienter vers une voie de stagnation évolutive. L'intelligence humaine sera usurpée, retirée et placée dans des systèmes automatisés, entraînant au fil du temps l'atrophie des muscles de la pensée et de l'imagination. Sans les forces vitales de l'esprit humain, l'impulsion mécanique restera immorale et contraire à l'éthique. Elle continuera à fonctionner, mais sans véritable existence. Sans une interpénétration de la mécanique et du moral - de la matière et de l'esprit - le développement futur dans ce domaine se divisera.

Il incombe aux individus conscients d'aujourd'hui de veiller à ce que cette division n'ait pas lieu. Au contraire, il faut qu'advienne une opération alchimique de grande envergure. L'infiltration et la pénétration des forces entropiques dans cette réalité ne seront pas forcément des événements négatifs. Les forces agissent de manière corrective des deux côtés : à chaque poussée correspond une traction. Cette traction peut venir de l'individu lui-même. Si nous reconnaissons que l'intervention des forces entropiques dans la vie humaine constitue un déclencheur nécessaire pour développer notre intention et notre évolution consciente, alors nous pouvons tirer parti de ces événements. C'est à travers la résistance aux forces contraires à l'évolution que l'humanité trouve sa force pour la liberté. Demeure la question de savoir si nous pouvons relever ces défis de la bonne manière.

REFERENCES

[1] Cité dans Erdmuth Johannes Grosse, Are There People Without A Self (Forest Row : Temple Lodge, 2021), 31-2.

[2] Cité dans Erdmuth Johannes Grosse, Are There People Without A Self (Forest Row : Temple Lodge, 2021), 60

[3] Cité dans Erdmuth Johannes Grosse, Are There People Without A Self (Forest Row : Temple Lodge, 2021), 63

[4] Rudolf Steiner, L'incarnation d'Ahriman : L'incarnation du mal sur terre (Forest Row : Rudolf Steiner Press, 2009), 1

[5] Rudolf Steiner, "L'électricité". Conférence donnée à Dornach, le 28 janvier 1923 (GA 220).

[6] Rudolf Steiner, "De la nature à la sous-nature", in Anthroposophical Leading Thoughts, trad. George et Mary Adams (Londres : Rudolf Steiner Press, 1973).

[7] Rudolf Steiner, L'incarnation d'Ahriman : The Embodiment of Evil on Earth (Forest Row : Rudolf Steiner Press, 2009).

Chapitre Onze

Les Incarnations
(Ou Le Moi Hybride)

"Là où la lumière est vive, les ombres sont profondes".

Vieux dicton

"Il fallait que l'humanité s'endorme spirituellement pour que la spiritualité reparaisse sous une nouvelle forme".

Rudolf Steiner

De nos jours, les gens se laissent trop facilement heurter par des informations qui leur semblent échapper à leur domaine de compétences. Il devient de plus en plus difficile de parler de vérités, surtout en matière de conscience spirituelle, car les individus sont pétris de croyances et de schémas de pensée erronés. Voilà qui témoigne d'un conditionnement social et d'un certain "contrôle des esprits". Pas étonnant que cette situation soit aussi répandue dans nos sociétés humaines au point de devenir prédominante. Les normes sociales poussent bien des gens à préférer la sécurité et le confort à l'instabilité qui découle d'une véritable réalisation. Une compréhension perspicace de la condition humaine montre que notre imagination créative recèle des potentiels intérieurs. Tel est le véritable royaume qui permet l'expression de la Source dans le domaine physique. Malheureusement, nous avons vu, au fil de ce livre, comment l'Inversion a usurpé ce domaine pour en faire une construction de fantaisie, de faux-semblants et d'industries culturelles grossières et superficielles qui règnent sur ces terres. Toute notion de réalité plus élevée, ou plus grande, a été dévoyée en une réalité inférieure artificielle qui empêche autant qu'elle le peut l'impulsion de développement de pénétrer. Cette situation a abouti à dissocier l'humanité non seulement de son environnement naturel, organique et à base de carbone, mais aussi de son contact inhérent avec son origine : la conscience de la Source. Cette désincarnation croissante se reflète dans des formes telles que l'écosystème techno-digital, la réalité augmentée, la numérisation (y compris les algorithmes) et l'intelligence artificielle. Pour bien des gens, aujourd'hui, les appareils numériques sont devenus les instruments d'un faux salut (autant dire de l'esclavage).

Il est désormais crucial de reconnaître et de ressusciter la vie intérieure de l'être humain. Une fenêtre d'opportunité s'ouvre à nous, au moment où l'humanité se trouve confrontée à des incertitudes et à de nombreuses forces indésirables. Ce dont on a besoin, ce n'est rien moins qu'un renouveau de l'évolution humaine passant des impulsions inférieures et d'une compréhension limitée à une réalisation plus complète de soi. C'est le moment de "faire le point" avec soi-même, pour avoir une chance de développer nos facultés humaines supérieures innées au sein de l'Inversion. Ce n'est pas le moment de reculer et de se retirer dans sa caverne intérieure d'obscurité et d'ignorance, comme une expression individualisée du Moyen Âge. Il fallait traverser l'état d'ignorance collective pour accéder à une conscience de soi individualisée. Une période de "sommeil intérieur" a permis à l'humanité d'être à même de retrouver ses facultés de conscience spirituelle comme quelque chose de neuf. Des vérités abstraites ont dominé pour forcer les gens à rechercher des vérités intérieures plus reconnaissables. La modernité est née de cette période d'éveil individuel progressif, après un sommeil de formation de masse ou de mentalité conditionnée de masse. Rester à ce niveau serait désastreux pour le développement humain, car cela indiquerait un retour à des états de vibration inférieurs basés sur des instincts et des appétits primaires. Cela ouvrirait également la porte à une domination et un esclavage accru. Ce dont on a besoin, c'est qu'un nombre significatif d'individus reconnaisse les outils et les capacités intérieurs qu'ils possèdent déjà et qu'ils s'y relient. Pour citer à nouveau Rudolf Steiner :

> "L'humanité doit s'approprier ce qui descend des hauteurs spirituelles vers la vie terrestre. On peut le rejeter. Mais ceux qui le rejettent perdent la possibilité de progresser sur le plan humain, culturel et civilisateur, et le développement futur de l'humanité devra compter sur d'autres peuples et d'autres domaines[1]".

Répétons-le : l'humanité a maintenant besoin d'accepter ce qui descend "des hauteurs spirituelles vers la vie terrestre". On peut rejeter cette évidence, comme le fait remarquer Steiner, mais ceux qui la rejettent perdent la possibilité de poursuivre leur développement. En cela, ils entravent également le progrès de la civilisation humaine dans son ensemble. Cela peut sembler dramatique, mais il nous faut bien reconnaître ce qui se joue aujourd'hui.

Plus nous nous isolons en nous perdant dans la matérialité, plus nous risquons de calibrer nos vies selon l'impulsion machinique et sur un mode d'automatisation. Ainsi s'ouvre la voie vers le transhumanisme, la technocratie et la domination des forces entropiques, nous l'avons déjà dit. Un individu fermé est un candidat idéal à l'intégration dans une masse gérée socialement et programmée mentalement. Il nous faut aujourd'hui prendre conscience que ces forces et ces impulsions se manifestent dans l'Inversion avec une vitesse et une férocité accrue. Il est capital de ne pas se laisser prendre dans les filets du matérialisme qui offre pléthore de fantaisies et de promesses, avant de délivrer finalement un package de confinement, de contrôle et même de possession. Il nous faut savoir, pour information, que des groupes de pouvoir opèrent au sein de l'Inversion (bien conscients d'y participer), qu'ils créent délibérément des programmes, des récits, des événements, et autres, qui approfondissent le matérialisme envahissant. Leur objectif consiste à orienter (gérer socialement) la majorité des humains pour qu'ils croient de tout cœur à la dominance des forces matérialistes. Ces groupes veulent s'assurer que les masses vivent et respirent selon des pensées matérialistes, en excluant toute métaphysique, de la naissance à la mort, du ventre à la tombe. Cette poussée délibérée vers un chemin matérialiste approfondi est une extension de la réalité dans les royaumes numériques du matérialisme éthérique (voir chapitre neuf) ; non seulement elle nie l'existence de l'esprit, mais elle tente d'emprisonner cette force vitale dans une cage de matière électrisée.

La tâche actuelle de l'humanité s'avère plus difficile, car il est essentiel de reconnaître et de confronter ces forces entropiques anti-évolution, puis de les transformer en impulsions positives pour le développement humain. Cela se complique d'autant plus que certaines influences voudraient plonger les gens dans un espace de "ténèbres personnelles" en vue d'affaiblir, de piéger et de bloquer la souveraineté et l'autonomisation individuelles. L'impact et les conséquences des forces et des impulsions entrantes dépendent largement de l'état de conscience avec lequel on les accueille. Cela déterminera comment l'humanité progresse et si elle se développe en alignement évolutif ou non. Les forces mondiales, visibles ou invisibles, préfèrent maintenir l'humanité dans un état d'ignorance. À cet égard, il est de notre responsabilité aujourd'hui de devenir de plus en plus conscients et de stimuler la prise de conscience chez le plus grand nombre. A long terme, on ne pourra plus rester dans l'ignorance des objectifs qui sous-tendent les affaires mondiales ni des processus qui ciblent les croyances et les schémas de pensée des gens. De même, l'absence d'impulsion transcendante dans nos vies mène finalement à une stagnation en termes de développement intérieur. En tant qu'espèce, soit nous évoluons et nous nous développons, soit nous ne le faisons pas. Pour que l'espèce humaine évolue, il faut qu'une partie de la population devienne réceptive et qu'elle ait conscience des impulsions cosmiques qui nous relient à des réalités de conscience au-delà de notre domaine actuel. Il faut répandre largement cette connaissance, il faut en parler, et non la garder cachée comme ce fut le cas pendant des siècles. Sinon, l'espèce humaine risque de succomber à des influences entropiques qui diminueront la pensée critique, l'expression imaginative et la liberté de l'expérience de vie. Comme à toutes les époques, on a besoin que d'une minorité d'individus conscients et réceptifs, pas d'une majorité.

Ces forces entropiques s'opposent au développement intérieur de l'humanité. Elles se sentent obligées d'agir maintenant, avant qu'un nombre suffisant d'individus dans le collectif ne prenne conscience des impulsions transcendantes qui relient l'humanité à la Source. Nous vivons une période de conscience spirituelle, ce qui explique pourquoi les forces d'opposition s'efforcent désespérément d'agir contre ces processus de développement. C'est dans cette période que doit émerger l'être humain conscient, individualisé, capable de penser de manière indépendante. Il nous faut émerger : pour percer la toile psychologique envahissante de mensonges, de tromperies et de programmation. La programmation se fait de plus en plus dominante, car elle s'exprime désormais concrètement sous forme de conditionnement social et de "gestion des esprits", à travers les programmes informatiques, les algorithmes et les intelligences artificielles qui constituent l'arrière-plan numérique de la vie physique. Selon Steiner, les forces ahrimaniennes s'incarnent à travers l'écosystème électrique sub-naturel dans une tentative de contrôler et d'influencer la vie et la pensée humaines. De nombreux signes montrent déjà que beaucoup ont adopté une pensée digitalisée, avec les textos abrégés, les tweets et autres clics sur les réseaux sociaux qui deviennent les formes dominantes de communication et d'expression quotidienne. La digitalisation des pensées humaines a explosé avec l'informatique avancée et les réseaux sociaux, bien que son origine remonte à l'imprimerie de Gutenberg et à la distribution et la massification de l'information. Pour citer le penseur russe Sergei Prokofieff :

> "Il s'ensuit que toute l'industrie de l'informatique et de l'Internet constitue aujourd'hui le moyen le plus efficace de préparer l'incarnation imminente d'Ahriman ou, du moins, de permettre à sa tâche terrestre de se dérouler le mieux possible pour lui. Le réseau des êtres arachnéens ahrimaniens qui se développe autour de la Terre à partir d'Internet entretient dès le départ une relation directe avec Ahriman apparaissant dans un corps physique et lui sera particulièrement utile, lui offrant un potentiel extrêmement favorable pour agir"[2].

Voici une preuve directe que l'influence, ou la séduction, des forces ahrimaniennes est déjà en jeu. À travers le monde, les gens sont connectés comme jamais auparavant, ils communiquent, s'organisent et s'informent à travers ces réseaux de communication. Mais le danger, en lien avec les forces entropiques, réside dans le fait que ces réseaux d'interconnexion incitent sournoisement chacun à s'enfoncer plus profondément dans le réseau matérialiste et à s'éloigner de sa connexion intérieure avec les royaumes métaphysiques (y compris la conscience de la Source). De plus en plus, la connexion au niveau physique et numérique correspond à une isolation par rapport à la transcendance.

Nous l'avons dit, le plus grand danger, de la part de ces forces entropiques, réside dans le fait que leur présence, leur activité et leur influence passent inaperçues. Ces influences font tout pour rester cachées, du moins au niveau de perception du plus grand nombre. C'est ainsi qu'elles établissent discrètement des conditions qui rendent les gens de plus en plus dépendants de leurs systèmes et de leur sphère de contrôle. L'incarnation et la présence de telles forces se manifestent aussi dans la tendance à privilégier l'intellect au détriment de l'imagination et des valeurs intérieures. L'intelligence intellectuelle séduit par sa logique raisonnable, mais elle nie le rôle des forces vitales intérieures et celui du domaine métaphysique. Si cette tendance se poursuit à l'extrême, elle conduira l'humanité à un état collectif de cécité intérieure. Les forces anti-développementales cherchent à exercer leur contrôle en influençant à la fois les esprits conscients et subconscients des gens en instillant la peur : peur du bien-être, de la sécurité et du statut économique. Dès les premières années d'éducation, on concentre l'attention sur les besoins inférieurs de l'individu, tels que le travail, l'argent, le foyer et le sentiment d'appartenance, plutôt que sur les outils de connaissance de soi qui renforcent le regard intérieur et les facultés de perception supérieures. L'être humain a aussi été colonisé intérieurement par des couches successives d'éducation et d'information mal orientées (autrement dit de programmation). En général, ceux qui vivent en ces temps modernes de médias contrôlés, de divertissements insipides, de politique corrompue, d'économies manipulées, etc., ont été délibérément impactés et influencés pour être intérieurement atrophiés. Les signes extérieurs d'activité physique et mentale peuvent facilement masquer un véritable état de stagnation intérieure. Si les forces entropiques qui bloquent le développement humain prévalent en nous et à travers nous, il se produit une dissociation qui entrave la croissance intérieure de l'individu. Il n'y a plus de maturité intérieure, car les forces contraires concentrent toute l'attention sur des projections extérieures et superficielles. Tel est l'état de bon nombre de nos soi-disant "élites" d'aujourd'hui, y compris les dirigeants mondiaux, les P-DG d'entreprises, les banquiers et financiers, et surtout, ceux qui dirigent les géants de la technologie. Les masses se laissent guider aveuglément par des individus intérieurement immatures qui, sans doute à leur insu, sont des réceptacles pour l'influence des forces entropiques et ahrimaniennes en mal d'incarnation. En fin de compte, la civilisation humaine doit choisir entre deux alignements : avec des processus de dévolution qui mènent à la décadence et à la destruction, ou avec le développement de la conscience spirituelle de l'humanité.

Les influences négatives n'ont que trop réussi à s'implanter solidement sur terre. Pour l'essentiel, sans en faire un absolu, la responsabilité en revient à une petite minorité de personnes (ceux qu'on appelle l'élite) qui s'alignent, par leur avidité et leur pouvoir, sur des forces anti-humaines qui veulent contrôler et contenir la liberté et le développement de l'homme. Leur pouvoir alimente les illusions programmées qui nous dominent, par notre acceptation ou notre consentement, et qui dominent ensuite le monde, les nations et, peut-être bientôt, l'ensemble du royaume terrestre. Il se peut qu'une autre sphère d'existence se soit déjà incarnée.

LA HUITIÈME SPHÈRE

Voici une histoire intéressante qui a émergé dans les milieux occultistes à la fin du XIXe siècle. En 1893, un groupe d'individus connu sous le nom de *Société Béréenne* a donné une série de conférences. Elles étaient animées par C.G. Harrison, initié fort érudit et chrétien engagé.[3] On avait choisi Harrison pour exposer un ensemble d'informations qui, jusqu'alors, étaient restées très secrètes. Du moins jusqu'à ce qu'une certaine violation se produise concernant la diffusion d'informations gardées par quelques sociétés secrètes. Ces conférences publiques étaient les premières à discuter ouvertement de la nature des conflits internes qui avaient surgi entre certaines Écoles de Mystères en Europe et en Amérique au XIXe siècle. Harrison expliqua dans sa conférence d'ouverture que cette violation concernait la Société Théosophique, largement associée à la personnalité haute en couleur autant que controversée de Madame Blavatsky. Harrison qualifia cette violation de conflit "derrière le voile". Pourquoi ce secret autour de certaines formes de connaissance ? Selon Harrison, cette connaissance est "la clé d'un pouvoir qui serait hautement dangereux pour la société (telle qu'elle est actuellement constituée) si elle devenait propriété publique"[4]. Il existe donc des raisons de garder certaines informations hors de portée des ignorants (pour leur bien autant que pour celui des autres). Mais une fois la brèche ouverte, il devient difficile de l'annuler et très facile de l'élargir.

Harrison a ensuite expliqué que la violation, ou l'exposition d'informations incorrectes, était due à une publication du théosophe de haut rang A.P. Sinnett dans son ouvrage *Bouddhisme ésoterique* (1883). Une partie des informations que Sinnett a rendues publiques faisait référence à la "Huitième Sphère" et à sa relation avec l'évolution de l'humanité sur Terre. Harrison notait que Sinnett avait porté un jugement incorrect concernant l'association de la Huitième Sphère avec la lune, satellite de la Terre. Il s'agissait soit d'une erreur de jugement, soit d'ignorance. Quoi qu'il en soit, on estima que cette erreur, désormais publique, ne pouvait rester sans contestation. Les conséquences, pensait-on, étaient trop importantes pour rester ignorées. A propos de la Huitième Sphère, Harrison déclara que le mystère qui entoure sa nature même "est une clé pour le problème du mal dans l'Univers"[5]. Il ajouta qu'un danger considérable surgit quand la nature inférieure de l'humanité se trouve attirée par certaines forces au-delà du domaine physique, car une relation nuisible peut se manifester. Selon Harrison, on fait constamment appel à la nature inférieure de l'être humain pour établir des alliances et des liens malsains. Que nous en ayons conscience ou non, certaines forces énergétiques cherchent à attirer et à former des "liens d'influence" avec les êtres humains entre les royaumes. D'autres sources ont qualifié ces éléments de "forces hostiles", tandis que j'ai préféré le terme "forces entropiques". Ces forces existent dans un espace qui n'est guère éloigné, sur le plan énergétique, de notre position actuelle. De plus, à travers certains rituels et pratiques amateurs, dont beaucoup sont engendrés par l'ignorance, ces forces peuvent exercer une influence plus forte sur des aspects de l'existence terrestre. Un occultiste du XXe siècle (qui écrit sous le nom de Mark Hedsel) a désigné la Huitième Sphère comme une "Sphère d'ombre" contrôlée par des êtres de l'ombre. Ce royaume cherche à capturer et à extraire ce que l'on peut appeler "l'énergie spirituelle matérialisée" de la sphère terrestre vers la Huitième Sphère. Ce royaume, la Huitième Sphère, est comme un vide, affirme Hedsel[6]. C'est un royaume qui aspire les choses dans sa propre existence, un royaume de ténèbres. Il est inférieur à la sphère terrestre sur les plans vibratoire et développemental. Selon Hedsel, il s'agit d'une sphère d'ombre contrôlée par des êtres d'ombre, mais ils se révèlent plus rusés et intelligents que les humains car ils n'ont ni notre conscience ni notre compassion. Ces êtres d'ombre souhaitent remplir leur royaume avec des âmes humaines, c'est pourquoi ils ont placé des portails sur Terre qui agissent comme des conduits pour aspirer des formes inférieures d'énergie spirituelle du plan terrestre. On peut ouvrir ces portails à l'aide de certains rituels tels que la magie noire, ou à travers des séances naïves et des réunions du genre "spiritisme" et canalisation. Ils souhaitent piéger l'énergie de l'âme humaine dans leur royaume d'ombre, une sorte de royaume des damnés. Ces êtres ressemblent à des démons et ils contrarient l'impulsion évolutive de l'humanité. Pour parler comme Steiner, ce sont des êtres ahrimaniens, et la Huitième Sphère est un abri d'Ahriman.

En fait, peu après la "violation" mentionnée ci-dessus par A.P. Sinnett, Steiner lui-même s'est senti contraint d'aborder le sujet hautement mystérieux de la Huitième Sphère et de le rendre plus accessible :

> "Il est très difficile en effet de parler de la soi-disant "Huitième Sphère" qui a été mentionnée ouvertement pour la première fois par M. Sinnett... ce qu'on appelle *Huitième Sphère* peut n'avoir aucun lien direct avec quoi que ce soit du monde matériel ; autrement dit, ce que l'homme perçoit avec ses sens, et ce qu'il pense sur cette base

> de perception sensorielle n'a rien à voir avec la Huitième Sphère. Inutile, donc, de chercher la Huitième Sphère dans le monde matériel"[7].

La Huitième Sphère, selon Steiner, n'appartient pas au domaine physique-matériel, elle opère sur une vibration différente. Cependant, on peut la percevoir par le biais de la "clairvoyance visionnaire-imaginative". Steiner aborde l'existence de la Huitième Sphère de manière similaire à Hedsel, mais dans un cadre plus complexe et cosmologique. Tandis qu'Hedsel décrit la Huitième Sphère comme une "Sphère d'ombre" contrôlée par des êtres d'ombre qui piègent ou aspirent l'énergie de l'âme humaine, Steiner l'intègre dans les opérations des forces lucifériennes et ahrimaniennes. La Huitième Sphère constitue un royaume qui contrecarrerait le chemin évolutif et cosmologique de l'humanité. Ces forces lucifériennes et ahrimaniennes tentent de dépouiller l'humanité de certaines énergies – ou "minéralisations" - qui servent ensuite à dynamiser la formation et l'existence de ce royaume entropique. Steiner a cité dans l'une de ses conférences :

> "Lucifer et Ahriman s'efforcent sans relâche de tirer tout ce qu'ils peuvent des substances de la Terre, afin de former leur Huitième Sphère qui, lorsqu'elle sera suffisamment avancée, se détachera de la Terre et suivra son propre chemin dans le Cosmos avec Lucifer et Ahriman"[8].

Ici, Steiner dépeint ces forces comme des voleurs aux aguets qui tentent de prendre à l'humanité certains éléments ou, plus probablement, des énergies.

De plus, Steiner décrit cette situation en indiquant que l'humanité est ciblée là où elle est la plus vulnérable, c'est-à-dire à la tête, au niveau de l'intellect. Nous revoilà à la question du matérialisme, qui est un domaine rationnel et intellectuel. Ce phénomène se produit en permanence autour de nous, bien que nous ne soyons pas conscients de ses manifestations. L'activité de la Huitième Sphère se déroule "dans les coulisses de notre existence", selon Steiner. Nous voyons une bonne partie de cette activité "de coulisses" se manifester dans nos vies modernes à travers des technologies matérielles en évolution rapide – en particulier les programmes d'intelligence artificielle, les algorithmes automatisés et les infrastructures de données. Cet écosystème matériel-numérique est centré sur la tête : la notion de "programmation" est en elle-même une compétence intellectuelle (peut-être la communauté alternative de programmation est-elle plus créative à cet égard). Steiner s'est montré très explicite dans sa description de cette situation :

> "Il fallait veiller à ce que tout ce qui émane de la tête de l'homme ne devienne pas la proie de Lucifer et Ahriman ; que tout ne dépende pas de l'activité de la tête et de l'activité des sens tournés vers l'extérieur, car alors Lucifer et Ahriman auraient été victorieux. Il était nécessaire de créer un contrepoids dans le domaine de la vie terrestre, qu'il y ait en l'être humain quelque chose d'entièrement indépendant de la tête. Ce fut réalisé grâce au travail des bons Esprits de Forme, qui ont implanté le principe d'Amour dans le principe d'hérédité sur Terre. Autrement dit, il existe maintenant dans la race humaine quelque chose d'indépendant de la tête, qui se transmet de génération en génération et qui trouve ses

fondements les plus essentiels dans la nature physique de l'homme"[9].

On a donc implanté un contrepoids à l'intellect dans la vie terrestre : le principe d'Amour. C'est une remarque hautement significative, car elle montre que les forces évolutives, agissant par l'intermédiaire des "Esprits de Forme", contrent les impulsions entropiques. De plus, le principe de l'amour est à la fois terrestre et d'au-delà du monde. Disons qu'il va bien au-delà de l'amour physique. L'impulsion d'amour est une force transcendante qui agit à travers la matérialité ; elle est aussi bien plus que cela. Il faut qu'elle soit opérationnelle dans l'humanité, car elle s'aligne avec une autre force significative que l'être humain doit acquérir : la liberté de vouloir. Et cette liberté de vouloir ne saurait être acquise que durant l'incarnation dans le domaine physique. Pourquoi cela ?

Lorsque l'esprit humain se trouve dans l'état de pré-incarnation et de post-incarnation, il retrouve la pleine connaissance de son existence parmi les royaumes spirituels. Dans cet état de conscience spirituelle, tout est connu. Cependant, durant l'incarnation physique, l'esprit humain accepte l'oubli afin de faire ses choix à partir d'un espace de liberté, c'est-à-dire sans connaître les relations à son existence au-delà du plan physique. C'est à travers ces choix que les incarnations de la vie acquièrent des expériences. La liberté de volonté pour faire ces choix de vie et l'acceptation de leurs conséquences sont fondamentales pour le développement de l'être humain. C'est précisément pourquoi les forces entropiques tentent de restreindre le libre arbitre des humains : un chemin non évolutif peut alors plus facilement s'aligner avec le domaine de la Huitième Sphère. En conséquence, il est sur Terre des influences qui s'efforcent continuellement de dépouiller l'humanité de son libre arbitre. Il suffit d'observer les conditions de vie actuelles à travers le monde pour constater comment ce schéma est actif et s'accroit rapidement. Steiner est très clair à ce sujet : « Lucifer et Ahriman s'efforcent perpétuellement d'entraver le libre arbitre de l'homme et d'invoquer toutes sortes de choses devant lui afin de lui arracher ce qu'il en fait et de le laisser disparaître dans la Huitième Sphère"[10]. Cette lutte pour le libre arbitre a pénétré la mythologie populaire à travers le symbole du diable tentant ou marchandant l'âme humaine (comme dans *Faust* de Goethe).

Les tentations offertes à l'individu par ces contre-forces évolutives sont variées. Selon Steiner, un autre subterfuge consiste à faire croire que la huitième sphère est le royaume des morts, des êtres chers qui ont franchi le voile. Par le biais de séances de spiritisme et de médiumnité, les gens sont amenés à communiquer avec des spectres de la huitième sphère plutôt qu'avec de véritables âmes humaines dans les royaumes spirituels. Ce piège spiritualiste a atteint son apogée à la fin du XIXe et au début du XXe siècle, quand les médiums, les séances et le monde du spiritisme (Allan Kardec) étaient à la mode. Le domaine des morts pourrait bien être le royaume des ombres, et les séances en seraient les portes, comme l'a décrit l'occultiste Mark Hedsel. Nous avons ici un exemple parfait de la manière dont l'Inversion opère : elle inverse la réalité et en tire une réalité substitutive. Steiner, parmi d'autres, nous invite à rejeter tout ce qui peut relier l'être humain ou l'âme à la Huitième Sphère. Aujourd'hui, nous constatons que les communications des clairvoyants visionnaires suscitent souvent émerveillement et admiration, leur offrant un statut de célébrité sur les réseaux sociaux. Nous devons faire preuve de prudence et de discernement face aux annonces pseudo-spirituelles à propos des canalisations, des idées New Age et autres éléments qui prétendent provenir de la "clairvoyance visionnaire". Il se pourrait bien que ces aspects proviennent du monde ténébreux de la Huitième Sphère.

De même, chaque fois que des personnes, individuellement ou collectivement, voient leurs libertés restreintes, que leur volonté est influencée par la persuasion, la propagande ou la force, et que leurs droits souverains sont réprimés, elles sont orientées vers le royaume de dévolution de la Huitième Sphère. Toute société qui ne protège pas la liberté et la volonté de l'individu en favorise l'asservissement. Qu'il soit imposé par la force ou accepté de bon gré, l'asservissement, crée un environnement idéal pour la domination des forces entropiques et anti-évolution. De nos jours, cela se manifeste à travers l'impulsion machinique et la montée de l'hyper-matérialisme, comme j'ai tenté de le montrer tout au long de ce livre. Ce sont les forces, les influences et les impulsions de l'Inversion, et non de la Grande Réalité. Cependant, les impulsions transcendantes de la Grande Réalité pénètrent continuellement la réalité inférieure de l'Inversion. Voilà vers quoi nous nous tournons maintenant.

References

[1] Rudolf Steiner, Knowledge of the Higher Worlds (Forest Row: Rudolf Steiner Press, 2011)

[2] Sergei Prokofieff, "The Being Of The Internet," https://philosophyoffreedom.com/the-being-of-the-internet (accessed August 31st, 2022)

[3] Ces conférences ont été publiées par la suite sous le titre The Transcendental Universe (Temple Lodge, 1998 ; Azafran Books, 2021).

[4] C.G. Harrison, The Transcendental Universe (Azafran Books, 2021), 21

[5] C.G. Harrison, The Transcendental Universe (Azafran Books, 2021), 88

[6] Mark Hedsel, The Zelator (London: Century, 1998)

[7] Rudolf Steiner, "The Occult Movement in the Nineteenth Century"
https://wn.rsarchive.org/Lectures/GA254/English/RSP1973/19151018p01.html

[8] Rudolf Steiner, "The Occult Movement in the Nineteenth Century" - https://wn.rsarchive.org/Lectures/GA254/English/RSP1973/19151018p01.html

[9] Rudolf Steiner, "The Occult Movement in the Nineteenth Century" - https://wn.rsarchive.org/Lectures/GA254/English/RSP1973/19151018p01.html

[10] Rudolf Steiner, "The Occult Movement in the Nineteenth Century" - https://wn.rsarchive.org/Lectures/GA254/English/RSP1973/19151018p01.html

Chapitre Douze

Fusions
(Ou Avenirs)

"Il est urgent que l'humanité prenne conscience qu'un monde spirituel est à l'œuvre dans chaque détail de l'existence dans le monde physique."

Rudolf Steiner, **Les confréries secrètes et le mystère du double humain**

Ainsi que l'ont montré les derniers chapitres, les forces entropiques, ou anti-évolution, se manifestent de plus en plus dans l'humanité. Ces forces dominent notre réalité, ce qui caractérise la nature de l'Inversion. Il incombe donc aux individus conscients de reconnaître ces forces, de tenter de les comprendre et de les transformer en impulsions favorables à l'évolution de l'humanité. Pour cela, nous devons faire face à la présence et à l'activité de ce que l'on considère comme "mal". Les forces négatives, ou entropiques, font partie de l'existence tout autant que les forces positives et développementales. Elles agissent toutes dans un espace d'attraction, de répulsion et d'expression de l'énergie. Les Rosicruciens ont reconnu ces forces en parlant du Deus Inversus, ou du "Dieu inversé". Ce Dieu inversé agit sur l'humanité à travers les sphères du mal pour contrecarrer son développement. Le mystique autrichien Rudolf Steiner était bien conscient de l'impact futur de telles forces. Il a dit : "Il est essentiel de prendre en main les forces qui se manifestent comme le mal, si elles apparaissent au mauvais endroit... de sorte que l'humanité puisse réaliser avec elles quelque chose de bénéfique pour l'avenir de l'évolution mondiale"[1]. À cet égard, il est important que l'individu prenne conscience du domaine métaphysique qui se trouve au-delà du seuil de conscience normale ou quotidienne. Si nous restons inconscients de nos forces de conscience spirituelle, nous devenons plus vulnérables aux manipulations de ces forces contre-développementales. Les lecteurs qui sont familiers de mes écrits précédents le savent bien, j'ai tenté d'attirer l'attention sur certains aspects de notre réalité consensuelle afin d'obtenir une plus grande clarté sur la manière dont nous pouvons répondre à la situation de manière constructive. Je confirme ce qui est écrit dans l'Évangile gnostique de Philippe : "Tant que la racine de la méchanceté reste cachée, elle est forte. Mais dès qu'elle est reconnue, elle se dissout. Lorsqu'elle est révélée, elle périt". La reconnaissance, grâce à une conscience et une perception accrue, offre davantage de choix. Dans le contexte de l'impulsion machinique et des intrigues de l'Inversion, l'individu doit être conscient de certains faits avant de pouvoir manifester la bonne intention et le bon foyer de volonté. Ce qu'il faut, c'est une culture de révélation, de "mise-à-nu" et non de dissimulation.

La vie consciente dans l'Inversion dépend en partie du fait que le monde qui nous entoure est une illusion. Ce mode de séparation de la Grande Réalité a permis à l'être humain de développer son monde intérieur et son sens de l'être – la conscience de soi – à travers le libre arbitre et l'action, plutôt que d'être un "jouet des dieux" dépourvu de force vitale ou de destin individuel. Cette phase a maintenant rempli son rôle, il est temps de révéler comment la conscience spirituelle humaine participe à l'expérience de la vie physique. Pour transformer les forces entropiques, l'humanité doit renouer avec une réalité métaphysique. À cet égard, le chemin de développement de l'humanité a atteint un seuil. Pour franchir ce seuil, nous devons réexpérimenter le monde qui se trouve au-delà du physique. L'humanité doit se préparer à son prochain pas, qui inclut le déploiement de nouveaux organes de perception, inexplorés jusque-là. Cela ne se produira que si un certain nombre d'individus sont prêts à initier ce processus. De nouvelles capacités psychiques devraient émerger à mesure que le "déclin des voiles" progresse, que la réalité consensuelle se dissout de plus en plus et que les royaumes énergétiques commencent à se croiser. Comme cela se produit déjà, de plus en plus de gens vont vivre des expériences psychiques, telles que des communications non humaines ; le phénomène va augmenter et devenir plus courant, à moins que les forces entropiques ne poussent les gens vers un matérialisme accru, ce qui entraînera une amnésie de la conscience spirituelle. Le seuil que l'humanité doit franchir maintenant est la réceptivité aux impulsions développementales et l'ouverture consciente à une fusion avec ces forces transcendantes en vue d'une culture spirituelle.

Au chapitre trois, consacré à Philip K. Dick et sa cosmologie gnostique, nous avons noté que selon Dick, l'individu possédait déjà des fragments de l'Absolu/Source en lui. Selon lui, l'objectif ultime d'une vie humaine consiste à réaliser cette fusion entre l'humain et la Source. Dans sa perspective, l'Absolu, Source de Tout (l'Urgrund), pénètre constamment cette construction de fausse réalité, cherchant à déclencher ou activer les gens, ou attendant qu'ils atteignent le moment où la fusion pourrait s'accomplir. Si un nombre suffisant de gens s'assimilaient à la Source, alors la construction de réalité artificielle (l'Inversion) serait anéantie. À sa place émergerait une conscience de la réalité sensible qui se trouverait en même temps à l'intérieur de l'Urgrund/Source. Dick croit aussi que le faux dieu ("artefact") n'est pas mauvais, pas plus que le faux monde projeté du Démiurge (l'Inversion). En réalité, le Démiurge est déterministe et mécanique ; on ne saurait donc l'invoquer à travers des valeurs humaines. Ce Démiurge constitue un artefact qui ne peut saisir aucune vérité plus grande que lui-même ni aucun but d'existence. La cosmologie de Dick reconnaît aussi la lutte des polarités, affirmant que l'Urgrund/Source, de temps à autre, offre une révélation aux humains pour favoriser le processus évolutif positif vers une connaissance éclairée ou perceptuelle. Pour contrer cette impulsion, l'entité du "faux dieu" démiurgique induit la cécité, l'oubli ou le subterfuge, afin de maintenir l'obscurité perceptuelle. Dick soutient que cette lutte perpétuelle opère dans la réalité inférieure, que j'appelle l'Inversion. Dans ce contexte, la Source de Tout et l'humanité avancent vers une fusion, tandis que la construction artificielle se dirige vers son élimination finale. Un aspect de la cosmologie inhabituelle de Dick (qui semble être une forme de néo-gnosticisme) réside dans le fait que la réalité inférieure sert de médium à la réalisation du processus de fusion entre la Source et l'être humain. Les véritables gnostiques, à l'instar de Dick, ont ressenti que l'humanité vient "d'ailleurs", ce qui suggère qu'à de nombreux niveaux, nous sommes étrangers à notre véritable réalité (la Grande Réalité). Pour nous aider à retrouver "le chemin de la maison", nous disposons de l'imagination créatrice, ainsi que des traditions de sagesse mystique.

Les écoles de sagesse, avec leurs initiés, ont également pris le rôle de créer des canaux pour la transmission de la vraie connaissance (c'est-à-dire une connaissance provenant de l'extérieur de la fausse construction de l'Inversion). À travers leur travail, dont seules certaines parties sont connues du public, elles maintiennent le lien vital – le cordon ombilical – qui relie le monde phénoménal physique au royaume de la Grande Réalité. Grâce à ce pont, des forces vitales peuvent entrer dans ce royaume artificiel et fusionner avec la matérialité, c'est-à-dire agir à travers la physicalité. Le chemin de l'initié s'avère difficile, car la personne doit faire face à son ego pour préparer son corps physique en tant que vaisseau pour le flux des énergies transcendantes. On définit parfois cette préparation comme étant la "mort de l'ego" – mourir avant de mourir, qui crée le conduit permettant la fusion. Il ne s'agit pas d'une canalisation, mais d'un état bien plus avancé. Le sage indien Sri Aurobindo a proposé une notion similaire en décrivant la conscience supra-mentale qui nécessite de descendre dans le domaine physique-matériel à travers l'être humain. On dit que le "Grand Œuvre" consiste à développer des individus qui seront ensuite renvoyés dans la société pour aider à faciliter le développement dans leur sphère culturelle. Il est crucial de former des individus bien équilibrés, capables de résister aux forces entropiques. Plus une communauté compte de personnes conscientes et éveillées, moins elle est vulnérable aux formes externes de gestion et de contrôle social : autrement dit, moins elle est exposée aux forces ahrimaniennes de stagnation et de décomposition. Dans ce contexte, l'initié est une personne qui, bien qu'elle porte et transmette un grand pouvoir et une grande responsabilité, n'exerce pas ce pouvoir de manière négative sur autrui. Ce "Grand Œuvre" se poursuit, car la contestation entre évolution et dévolution continue, telle est la situation actuelle.

L'humanité a traversé plusieurs étapes nécessaires à son évolution ; dans ce parcours, elle a effectué la transition d'un état d'être spirituel vers une forme matérielle terrestre. Ainsi s'est établie une séparation physique de la conscience spirituelle, activant la croissance de l'ego humain pour qu'il puisse revenir ensuite à l'état d'être spirituel à la conscience individualisée. Dans ce processus, l'être humain a évolué en perdant certaines facultés et en développant d'autres. Cela a impliqué une "descente" d'un état de conscience directe des royaumes métaphysiques vers une ignorance et une innocence du domaine matériel, jusqu'à une maîtrise des forces matérielles et une perte de conscience spirituelle. Le prochain seuil doit impliquer l'acquisition de la bonne correspondance et de l'utilisation des forces matérielles, tout en respiritualisant la vie humaine dans le domaine physique. Cette fusion se trouve maintenant à la porte de l'humanité ; il s'agit de l'aborder de façon appropriée. Sinon, l'élan de l'arc ascendant risque d'être perdu.

La fusion-absorption

Nous ne pouvons plus nier la nature subvertie de notre réalité ni les impulsions anti-humaines qui règnent dans l'expérience de vie terrestre actuelle. L'être humain est devenu, dans l'ensemble, trop engourdi et désensibilisé face aux atrocités qui frappent la civilisation humaine. Chaque jour, nos chaînes d'information et de médias rapportent des crimes, des souffrances et des violences terribles perpétrés par des humains ; sans parler du comportement absurde de nos systèmes politiques, financiers et d'entreprise. Tant d'actions humaines à travers la planète donnent l'impression que les gens dorment au cœur de leurs propres cauchemars. Il semble que la vie humaine ait glissé dans un royaume de sub-nature. L'humanité n'agit pas depuis un lieu correct ou équilibré. La folie du monde moderne s'est normalisée en un renversement sens dessus dessous (voir Chapitre Quatre). Même en cette époque soi-disant "avancée", nos sociétés modernes reposent sur les énergies de sub-nature : pétrole, gaz, charbon, etc. La prolifération continue de ces énergies denses freine le développement de l'humanité vers la sphère des forces plus subtiles. Nous l'avons dit, même l'électricité était perçue par Steiner comme représentant des forces sub-naturelles, les forces ahrimaniennes utilisent l'électricité comme un moyen. Notre monde électrisé provoque une stagnation sur le chemin nécessaire à l'évolution de l'humanité. On dirait que l'être humain se trouve entre deux mondes : entre le monde supra-sensible (le royaume métaphysique) et le monde sub-sensible (le royaume mécanique plus dense). Dans ce contexte, l'humanité doit peut-être agir comme un pont entre ces forces polarisées.

L'humanité se tient à la croisée de deux chemins. Le risque est grand de tomber sous l'emprise de l'impulsion mécanique et d'être intégré dans un monde dense et technologisé de contrôle, de surveillance et de libertés restreintes. Cela deviendrait paradoxalement un monde sub-naturel de super-technologie et de machines "intelligentes". Pourtant, ce royaume serait dominé par les forces ahrimaniennes qui s'opposent aux impulsions évolutives au sein de l'humanité. Pour contrer cela, les êtres humains doivent, autant que possible, transformer les impulsions terrestres et mécaniques en forces pour le bien-être humain. Cette tâche exige que l'être humain atteigne un niveau de perception et de conscience suffisant pour saisir les implications de cette situation. Avec les mots de Steiner : "Notre époque a besoin d'une connaissance qui s'élève au-dessus de la nature, car elle doit traiter intérieurement avec un contenu de vie dangereux qui a sombré sous la nature"[2]. Une période comme celle que nous traversons appelle à la dévotion et à l'engagement ; sinon, les impulsions d'apathie, d'ignorance et d'impuissance continueront à diminuer les capacités réceptives de l'être humain. Ces capacités réceptives sont nécessaires pour recevoir consciemment les impulsions transcendantes ; sinon, elles se transformeront en efforts mécaniques et matérialistes. Une pensée perceptive indépendante et volontaire (qui inclut la résonance du cœur) est essentielle pour retrouver l'intuition qui était autrefois naturelle à l'être humain. L'humanité se trouve sur ce chemin d'avancement potentiel, mais elle est freinée par des forces qui visent délibérément à retenir l'espèce. Le choix consiste ici à demeurer engourdi et anesthésié – c'est-à-dire psychologiquement momifié – par le conditionnement mental dominant de la réalité consensuelle, ou à travailler silencieusement et de manière persistante avec nos efforts personnels. Grâce à l'autodiscipline et à une attention ciblée, chacun peut développer ses propres formes de perception accrue. Il s'agit ici de choisir : ou bien on s'aligne avec les forces qui agissent sur le développement intérieur de l'individu et qui cherchent à amener l'humanité à fusionner avec la conscience de la Source, ou bien on s'aligne avec les forces entropiques qui poussent vers un développement égoïste et égocentrique. Le travail actuel de l'être humain consiste, selon moi, à accepter et à être réceptif à ce que l'on appelle *l'Esprit* (la conscience de la Source), et à faciliter son émergence à travers le royaume matériel.

L'être humain peut agir comme la force transformative dans le monde matériel ; il peut en quelque sorte être le conducteur à travers lequel des forces et des énergies supérieures peuvent être transformées dans le domaine physique. Nous devons résister à l'envahissement par les forces mécanistes d'un monde de plus en plus technologique. Nous nous trouvons actuellement pris dans un jeu d'interactions :

les forces contrôlantes de la sub-nature et les énergies restauratrices de la supra-nature (le métaphysique/transcendantal). Cette position de l'être humain entre les royaumes a également été représentée dans la mythologie ; l'humain se tient entre le royaume des "dieux" et le monde souterrain (le royaume d'Hadès) d'où les habitants du sous-monde tentent d'envoyer leurs influences et leurs forces. L'humanité a été prévenue de ses circonstances à de nombreuses époques, mais le symbolisme était trop flou pour que beaucoup en saisissent la signification. La situation actuelle appelle à une plus grande prise de conscience et à une connaissance de ces courants de forces polarisées et opposées qui opèrent dans notre réalité présente. Cela implique de comprendre la nature de l'Inversion. C'est la raison pour laquelle j'ai écrit ce livre. La question consiste maintenant à développer la force de la conscience tout en restant réceptif aux forces restauratrices. En même temps, l'individu doit être conscient de la nature des forces négatives qui agissent sur le monde, à travers les sociétés et les cultures, et chez les personnes elles-mêmes. Nous ne pouvons pas transformer les forces que nous ne voyons pas. La nature de l'Inversion consiste à perpétuer cet état de sommeil et d'aveuglement. Nous commençons à nous éveiller en n'ouvrant qu'un œil. Comme le dit le proverbe : au royaume des aveugles, les borgnes sont rois.

Il faut également reconnaître que les forces d'opposition ont toutes un rôle à jouer. La friction crée le potentiel de mouvement. Les forces en opposition peuvent aussi se servir mutuellement d'une manière qui n'apparait pas immédiatement. Par exemple, une fusée a besoin de la force d'expulsion pour se propulser vers l'avant (c'est-à-dire dans la direction opposée) ; de même, les forces opposées font avancer sur le chemin évolutif si on s'en sert et si on les transforme de manière appropriée. La résolution réside donc dans la transformation des forces négatives. L'être humain est à la fois dans le monde et pas du monde. Il a une origine au-delà des royaumes matériel et physique, et pourtant la conscience-Esprit fait un séjour à travers l'expérience de vie humaine. Dès lors, il doit travailler avec les forces qui opèrent dans ces sphères d'activité. Aujourd'hui, l'activité de l'être humain consiste à contrer les forces entropiques qui gagnent en influence à travers l'impulsion machinique. Pour cela, il faut qu'une impulsion contraire émerge à travers l'être humain. Quelle est cette impulsion contraire ? La réponse de Rudolf Steiner figure au chapitre précédent. Steiner a expliqué comment les « Esprits de Forme » avaient implanté le principe d'Amour dans l'hérédité de l'humanité sur Terre. Cela constituait une contre-mesure face aux forces envahissantes du mécanisme, de l'intellectualisme et des influences "cérébrales", à travers lesquelles les forces ahrimaniennes agissaient largement. La croissance de l'amour (pas la version sentimentale véhiculée par les médias) doit se manifester à travers la communauté (fraternité), la compassion, l'empathie et la bonne volonté désintéressée. Ces valeurs forment la base que les forces entropiques et négatives ne sauraient pénétrer.

Les formes et les principes qui régissent notre vie doivent s'accorder à une reconnaissance de la conscience spirituelle plutôt qu'à une ignorance des conditions métaphysiques de notre existence. La prise de conscience constitue ici l'élément clé. Les forces entropiques et anti-évolution souhaitent opérer sous un voile d'ignorance ; elles ne veulent pas que les individus reconnaissent leur présence. C'est pourquoi elles agissent par ruse et par procuration. Elles évitent de s'opposer directement aux événements, car cela mettrait leur présence en lumière. Ce sont des êtres de l'ombre, elles agissent dans l'obscurité, y compris dans l'ombre de nos esprits, de nos pensées (formes-pensées) et de nos ombres collectives. Les forces entropiques se sentent chez elles dans un environnement rigide et mécanique ; un monde régi par l'intelligence artificielle, les algorithmes, l'exploration de données, les infrastructures numériques, les métavers et toutes sortes de domaines informatisés. Pour nous, ces royaumes sont artificiels, mais ils constituent un environnement naturel pour ces forces anti-humaines. Nous devons en être conscients et résister à leur piège, afin de ne pas devenir de simples pions ou jouets dans une prison électrifiée dirigée par des gardiens numériques, où les détenus sont numérotés et catalogués. Ces forces qui cherchent à nous tromper savent pertinemment que si elles parviennent à ancrer des émotions négatives dans nos cœurs, elles peuvent bloquer l'évolution humaine. C'est pourquoi la prise de conscience est si importante. Les humains sont des corps de transmission vivants ; le corps est un vaisseau qui résonne, une antenne vivante. Si des émotions, énergies ou vibrations négatives s'installent dans le corps vivant, sa capacité à fusionner avec des impulsions transcendantes s'en trouve altérée.

L'impulsion évolutive actuelle sur cette planète opère à travers un medium organique. Cela nous inclut. Nous sommes des êtres à base de carbone ; pourtant, l'environnement à base de carbone se fait de plus en plus hostile à notre égard. Les aliments biologiques se transforment en produits génétiquement modifiés cultivés à partir de "graines suicides" qui, de manière anormale, échouent à transmettre leur hérédité. La reproduction humaine devient de plus en plus artificielle alors que les taux de fertilité chutent à travers le monde. La viande se cultive dans des laboratoires tandis que le bétail est traité inhumainement comme des unités inorganiques sans vie. Les intérêts corporatifs tentent de persuader les gens de consommer des insectes élevés en laboratoire. Les fermes se transforment en usines, et l'industrie de la maladie est alimentée de force par les grandes entreprises pharmaceutiques. Ces signes flagrants de l'Inversion demeurent invisibles pour tant de personnes, conditionnées dès la naissance à accepter cette folie et cette illusion normalisées. Nos perceptions sont complètement inversées alors que nous avançons innocemment (ou par ignorance) dans la vie, en acceptant des restrictions de plus en plus nombreuses à travers des mécanismes de contrôle technocratiques et autoritaires. Ce n'est ni normal, ni naturel, ni organique. C'est le chemin de l'impulsion machinique, qui constitue le vaisseau à travers lequel les forces entropiques et ahrimaniennes agissent. Et c'est le même chemin que l'humanité doit emprunter pour retrouver son chemin vers l'évolution. La présence métaphysique se trouve en permanence dans la réalité inférieure – l'Inversion – mais elle doit être reconnue et acceptée pour être perçue. Dans ce cadre, l'humanité doit éveiller ses organes de perception. Comme l'a dit le sage Jalaluddin Rumi : "De nouveaux organes de perception naissent par nécessité. Par conséquent, ô homme, augmente ton besoin, afin d'augmenter ta perception". L'appel a été lancé sur la manière de progresser au sein de l'Inversion.

Dans son autobiographie, Rudolf Steiner écrit : "Le monde entier, à l'exception de l'être humain, est une énigme, la véritable énigme de l'existence, et l'être humain lui-même en est la solution"[3]. Voilà qui résume parfaitement l'Inversion : c'est une énigme. L'être humain doit trouver le moyen de sortir de cette énigme, et la solution se trouve en lui. C'est comme si nous étions dans un rêve, retenus loin de l'éveil. Dans le prologue de ce livre, j'ai évoqué le conte du soir qu'on nous raconte avant de plonger dans le sommeil d'une vie humaine. Le rêve devient si captivant, si convaincant qu'il empêche le rêveur de jamais se réveiller. Le rêveur continue de vivre le rêve qu'on lui a raconté avant de s'endormir. Nous pouvons continuer à rêver de mauvais rêves, nous pouvons aussi commencer à rêver de bons rêves qui nous mèneront, finalement, à un réveil matinal. Peut-être que l'histoire que j'ai racontée dans ces pages, au sujet de l'Inversion, n'est qu'un autre rêve pour vous garder tous endormis. Peut-être qu'il n'existe pas d'Inversion – après tout, cela semble un peu absurde, n'est-ce pas ? Et la berceuse revient à vos oreilles... la la la... dors encore un peu...

References

[1] Rudolf Steiner, Les confréries secrètes et le mystère du double humain. (Forest Row : Rudolf Steiner Press, 2006), 163.

[2] Cité dans Sigismund von Gleich, The Transformation of Evil and the Subterranean Spheres of the Earth. (Forest Row : Temple Lodge Publishing, 2005), 17

[3] Cité dans Sigismund von Gleich, The Transformation of Evil and the Subterranean Spheres of the Earth. (Forest Row : Temple Lodge Publishing, 2005), 54.

Postface

"Nous voilà arrivés au point où la culture humaine se divise en deux courants. Si cette pensée matérialiste devait triompher [...] l'humanité entière deviendrait mécanisée dans son esprit, végétative dans son âme, bestiale dans son corps, car l'évolution de la Terre y conduit fatalement".

Rudolf Steiner, Stuttgart, 29 juin 1919

NOUS DEVONS être éveillés et faire preuve de discernement. Nous avons peut-être atteint un point où la culture humaine se divise, du moins, sur le plan cognitif. Un grand mensonge se déroule dans notre réalité consensuelle actuelle. Ce mensonge consiste en la révélation d'une soi-disant "utopie" fondée sur l'isolement de la conscience spirituelle humaine. Cette fausse promesse se présente en termes de salut technologique, annonçant un futur idéal illusoire. Le véritable mal-être de la condition humaine réside dans un état d'aliénation. Cela signifie être étranger et coupé de toute influence ou nourriture métaphysique. Il n'est pas nécessaire que le fondement métaphysique de la vie soit évident ou tangible dans notre quotidien ; il suffit que nous soyons conscients de son existence et de son influence continue. Cependant, une fois que ce sens de reconnaissance (l'acte de cognition consciente) disparaît, la vie devient stérile et sans âme. Pourtant, dans la plupart des cas, les gens ne réaliseront pas cette perte – ce manque d'impulsion transcendante dans leur vie – car ils seront entraînés dans une réalité constituée d'un maillage physique et numérique qui les maintient attachés à leur nature inférieure et à leurs désirs. Ce mensonge représente une forme d'esclavage des plus odieuses, car il sera à la fois volontaire et ignorant. La séparation de l'être humain de sa connexion métaphysique passera presque inaperçue, et le transfert vers une réalité de conscience limitée se fera de manière habile. Ce chemin sournois vers une condition humaine d'aliénation, obtenu sous prétexte d'avancement technologique et de progrès, constituera un coup contre l'esprit créatif. Il marquera l'inversion de la réalité humaine.

Les dangers presque imperceptibles résident dans le fait que nous glissons vers une réalité inversée (l'Inversion), construite à travers un royaume de fantaisie et d'illusion, qui alimente désormais les industries culturelles grossières et superficielles qui dominent la vie moderne. Toute notion de Réalité Supérieure a été déformée en une réalité inférieure artificielle, dissociant l'humanité non seulement de son environnement naturel, organique et à base de carbone, mais aussi d'un contact inhérent avec son origine, la conscience de la Source. Si quelqu'un souhaite voir comment les "signaux" fonctionnent au sein de l'Inversion, il suffit de regarder tous les épisodes de la série télévisée Westworld (2016-2022). Dans la saison quatre, les "hôtes" androïdes machinistes ont pris le contrôle du monde en utilisant un virus issu de la bio-ingénierie qui infecte les humains au fil des générations, les rendant dociles et sensibles au contrôle de l'IA et des "hôtes". Des intrigues et des récits sont créés pour attribuer aux gens leurs rôles et leurs personnages dans la vie, qu'ils endossent passivement, croyant vivre leur propre histoire. L'humanité se trouve gérée à travers ces "intrigues" fabriquées (alias récits socio-culturels) qui sont directement transmises aux esprits et aux vies des humains via une série de signaux de transmission radio-sonique à travers l'infrastructure technologique mondiale.

Naturellement, ce n'est qu'une histoire n'est-ce pas ? Simple fantaisie, simple illusion. Le monde n'est pas vraiment comme ça, pas du tout. Heureusement, une fois terminée la fantaisie télévisuelle, une fois l'appareil mis en veille, nous retournons à nos vies "normales". Il y a bien longtemps, on nous a dit qu'une partie de l'humanité vivait dans une "maison rebelle" avec des yeux qui ne voient pas et des oreilles qui n'entendent pas (Ézéchiel 12:2). Cette ignorance résulte de la vie dans cette "maison rebelle" (alias l'Inversion). Nous avons maintenant une conscience partielle pour faire les choix nécessaires. Nous pouvons modifier notre perception de cette réalité inversée en choisissant d'élargir notre propre état de cognition. Ce faisant, nos perceptions changent, ce qui nous permet de changer. Nous pouvons intentionnellement améliorer nos capacités perceptuelles. Nous pouvons choisir d'exercer notre discernement. Nous pouvons soit avancer, soit rester où nous sommes. Comme toujours, le choix nous appartient.

L'histoire du rêve continue… ouvrirez-vous les yeux ?

"Oui, le monde est une illusion.
Mais la Vérité s'y montre toujours".

Idries Shah, The Dermis Probe.

Références

Berardi, F. (2021). Le troisième inconscient. Londres : Verso.

Berman, M. (1990). Coming to Our Senses : Body and Spirit in the Hidden History of the West. New York : HarperCollins.

Dennis, K. (2019). Guérir l'esprit blessé : La psychose du monde moderne et la recherche du soi. Forest Row : Clairview Books.

Dennis, K. (2021). Hijacking Reality : La reprogrammation et la réorganisation de la vie humaine. Leicester : Beautiful Traitor Books.

Dick, P. K. (1995). The Shifting Realities of Philip K. Dick : Selected Literary and Philosophical Writings (éd. Lawrence Sutin). New York : Vintage Books.

Emberson, P. (2013). Machines and the Human Spirit (Les machines et l'esprit humain). Écosse : The DewCross Centre for Moral Technology.

Grosse, E. J. (2021). Are There People Without A Self ? Forest Row : Temple Lodge.

Harrison, C.G. (2021). L'univers transcendantal. Londres : Azafran Books.

Hedsel, M. (1998). The Zelator. Londres : Century.

Hoeller, S. A. (2014). Le gnostique Jung et les sept sermons aux morts. Wheaton, IL : Quest Books.

Horsley, J. (2004). The Lucid View : Investigations into Occultism, Ufology, and Paranoid Awareness. Illinois : Adventures Unlimited.

Horsley, J. (2018). Prisonnier de l'infini : Ovnis, ingénierie sociale et psychologie de la fragmentation. Londres : Aeon Books.

Huxley, A. (1959). Le meilleur des mondes revisité. Londres : Chatto & Windus.

Jung, C. G. (2010). The Undiscovered Self (avec Symbols et The Interpretation of Dreams). Princeton, NJ : Princeton University Press.

Kalsched, D. (1996). Le monde intérieur du traumatisme : Archetypal Defences of the Personal Spirit (Le monde intérieur du traumatisme : les défenses archétypales de l'esprit personnel). Londres : Routledge.

Laing, R.D. (1990). La politique de l'expérience et L'oiseau du paradis. Londres : Penguin Books.

Lash, J. L. (2006). Pas à son image : Gnostic Vision, Sacred Ecology, and the Future of Belief (Vision gnostique, écologie sacrée et avenir de la croyance). Vermont : Chelsea Green Publishing.

Leary, T. (1988). Info-Psychology. New Mexico : New Falcon Publications.

Lilly, J. C. (1972). Programming and Metaprogramming in THE HUMAN BIOCOMPUTER. New York : The Julien Press.

Lilly, J. C. (1988). The Scientist : A Metaphysical Autobiography. Berkeley, CA : Ronin Publishing.

Noble, D. F. (1999). La religion de la technologie : La divinité de l'homme et l'esprit d'invention. Londres : Penguin.

Ouspensky, P.D. (1950). À la recherche du miraculeux : Fragments d'un enseignement inconnu. Londres : Routledge & Kegan Paul.

Perlas, N. (2018). Le dernier combat de l'humanité : Le défi de l'intelligence artificielle - Une réponse spirituelle et scientifique. Forest Row : Temple Lodge.

Steiner, R. (1973). Anthroposophical Leading Thoughts (traduit par George et Mary Adams). Londres : Rudolf Steiner Press.

Steiner, R. (2006). Les confréries secrètes et le mystère du double humain. Forest Row : Rudolf Steiner Press.

Steiner, R. (2008). La chute des esprits des ténèbres. Forest Row : Rudolf Steiner Press.

Steiner, R. (2009). L'incarnation d'Ahriman : L'incarnation du mal sur terre. Forest Row : Rudolf Steiner Press.

Steiner, R. (2011). La connaissance des mondes supérieurs. Forest Row : Rudolf Steiner Press.

Upton, C. (2021). The Alien Disclosure Deception : La métaphysique de l'ingénierie sociale. Sophia Perennis.

Vallee, J. (2015). Le Collège Invisible : Ce qu'un groupe de scientifiques a découvert à propos des influences des ovnis sur la race humaine. Charlottesville : Anomalist Books.

von Gleich, S. (2005). La transformation du mal et les sphères souterraines de la terre. Forest Row : Temple Lodge Publishing.

Zuboff, S. (2019). L'ère du capitalisme de surveillance : La lutte pour un avenir humain à la nouvelle frontière du pouvoir. Londres : Profile Books.

À Propos de l'auteur

KINGSLEY L. DENNIS, PhD, est écrivain et chercheur à plein temps. Il a précédemment travaillé au département de sociologie de l'université de Lancaster, au Royaume-Uni. Kingsley est l'auteur de nombreux articles sur l'avenir social, la technologie et les nouveaux médias, les affaires mondiales et l'évolution consciente. Il est l'auteur de plus de vingt livres, dont *Is There Life on Earth?* ; *Life in the Continuum* ; *UNIFIED : Cosmos, Life, Purpose* ; *Hijacking Reality* ; *Healing the Wounded Mind* ; *The Modern Seeker* ; *Bardo Times* ; *Breaking the Spell* ; *New Consciousness for a New World*, et le célèbre *Dawn of the Akashic Age* (avec Ervin Laszlo). Kingsley dirige également sa propre maison d'édition, Beautiful Traitor Books (www.beautifultraitorbooks.com). Pour plus d'informations, visitez son site web : www.kingsleydennis.com.